LAMBER A LÍNGUA II
A VOCOPERFORMANCE

Editora Appris Ltda.
1.ª Edição - Copyright© 2024 dos autores
Direitos de Edição Reservados à Editora Appris Ltda.

Nenhuma parte desta obra poderá ser utilizada indevidamente, sem estar de acordo com a Lei nº 9.610/98. Se incorreções forem encontradas, serão de exclusiva responsabilidade de seus organizadores. Foi realizado o Depósito Legal na Fundação Biblioteca Nacional, de acordo com as Leis nᵒˢ 10.994, de 14/12/2004, e 12.192, de 14/01/2010.

Este livro foi feito com recursos do Proap/ 0907/2022 /88881.719943/2022-01 / PPG Letras UERJ.

Catalogação na Fonte
Elaborado por: Dayanne Leal Souza
Bibliotecária CRB 9/2162

L221l 2024	Lamber a língua II: a vocoperformance / Ênio Bernardes de Andrade, Leonardo Davino de Oliveira, Márcia Cristina Fráguas (orgs.). – 1. ed. – Curitiba: Appris, 2024. 202 p. : il. ; 23 cm. Vários autores. Inclui referências. ISBN 978-65-250-7047-6 1. Palavra cantada. 2. Cultura brasileira. 3. Vocoperformance. I. Andrade, Ênio Bernardes de. II. Oliveira, Leonardo Davino de. III. Fráguas, Márcia Cristina. IV. Título. V. Série. CDD – 792.028

Livro de acordo com a normalização técnica da ABNT

Appris editora

Editora e Livraria Appris Ltda.
Av. Manoel Ribas, 2265 – Mercês
Curitiba/PR – CEP: 80810-002
Tel. (41) 3156 - 4731
www.editoraappris.com.br

Printed in Brazil
Impresso no Brasil

Ênio Bernardes de Andrade
Leonardo Davino de Oliveira
Márcia Cristina Fráguas
(org.)

LAMBER A LÍNGUA II

A VOCOPERFORMANCE

Appris
editora

Curitiba, PR
2024

FICHA TÉCNICA

EDITORIAL Augusto Coelho
Sara C. de Andrade Coelho

COMITÊ EDITORIAL
Ana El Achkar (Universo/RJ)
Andréa Barbosa Gouveia (UFPR)
Antonio Evangelista de Souza Netto (PUC-SP)
Belinda Cunha (UFPB)
Délton Winter de Carvalho (FMP)
Edson da Silva (UFVJM)
Eliete Correia dos Santos (UEPB)
Erineu Foerste (Ufes)
Fabiano Santos (UERJ-IESP)
Francinete Fernandes de Sousa (UEPB)
Francisco Carlos Duarte (PUCPR)
Francisco de Assis (Fiam-Faam-SP-Brasil)
Gláucia Figueiredo (UNIPAMPA/ UDELAR)
Jacques de Lima Ferreira (UNOESC)
Jean Carlos Gonçalves (UFPR)
José Wálter Nunes (UnB)
Junia de Vilhena (PUC-RIO)

Lucas Mesquita (UNILA)
Márcia Gonçalves (Unitau)
Maria Aparecida Barbosa (USP)
Maria Margarida de Andrade (Umack)
Marilda A. Behrens (PUCPR)
Marília Andrade Torales Campos (UFPR)
Marli Caetano
Patrícia L. Torres (PUCPR)
Paula Costa Mosca Macedo (UNIFESP)
Ramon Blanco (UNILA)
Roberta Ecleide Kelly (NEPE)
Roque Ismael da Costa Güllich (UFFS)
Sergio Gomes (UFRJ)
Tiago Gagliano Pinto Alberto (PUCPR)
Toni Reis (UP)
Valdomiro de Oliveira (UFPR)

SUPERVISORA EDITORIAL Renata C. Lopes

PRODUÇÃO EDITORIAL Bruna Holmen

REVISÃO Andrea Bassoto Gatto

DIAGRAMAÇÃO Andrezza Libel

CAPA Carlos Pereira

REVISÃO DE PROVA Jibril Keddeh

SUMÁRIO

INTRODUÇÃO 7

O ECO DO ROUXINOL NO PÁSSARO PROIBIDO 11
Ana Karolina Kobi

LINHAS DE FUGA DA CANÇÃO BRASILEIRA DO SÉCULO XXI 17
Bernardo Oliveira

ENTRE A VIDA E O VERSO: (BREVES) FRAGMENTOS DE UMA
PERFORMANCE AMOROSA 31
Carla dos Santos e Silva Oliveira

A VOZ HOMÉRICA DE MARIA BETHÂNIA EM A *CENA MUDA* 51
Davi Santos

MELODIA COMO FORMA FIXA: ANTONIO CICERO E O TRABALHO
POÉTICO NAS LETRAS DE CANÇÃO 63
Ênio Bernardes de Andrade (Enzo Banzo)

SLAM: VOZES NA ESCRITA DA HISTÓRIA 77
Fabiana Bazilio Farias

OS OUTROS NA REAPARIÇÃO ESPECTRAL DO EU: O SUJEITO CITACIONAL
DE *POESIA É RISCO* 89
Gabriel Costa Resende Pinto Bastos dos Santos

UM DIÁLOGO ENTRE A VOZ LÍRICA E A VOZ CANCIONAL 115
Leonardo Santos Crespo

A PRESENÇA DA MUSA EM CANÇÕES CONTEMPORÂNEAS 123
Leonardo Davino de Oliveira

"FEMINISMO NO ESTÁCIO": ALDIR BLANC, JOÃO BOSCO E A *MAIOR E
VACINADA* 137
Lienne Aragão Lyra

FROM THE RITZ TO THE RUBBLE: ALEX TURNER CONVERSA COM JOHN COOPER CLARKE 153

Marcela Santos Brigida

GURUFIM: O SAMBA E A MORTE 169

Marcelo Reis de Mello

UM ANJO TORTO E DESAFINADO: FIGURAÇÕES DO POETA MARGINAL EM "LET'S PLAY THAT", DE JARDS MACALÉ E TORQUATO NETO 175

Márcia Cristina Fráguas

DESDOBRAMENTOS POÉTICOS DA ORALIDADE NO BRASIL 183

Patrícia Bastos

SOBRE OS AUTORES 197

INTRODUÇÃO

Os textos do livro *Lamber a língua II: vocoperformance* guardam as conferências do colóquio de mesmo nome, ocorrido em 30 de outubro de 2023, na Universidade do Estado do Rio de Janeiro, Campus Maracanã. A partir do tema geral proposto, os autores investem suas reflexões na miscelânea de modos de abordar questão tão complexa quanto as práticas orais de arte e cultura no Brasil.

Bernardo Oliveira faz um diagnóstico crítico do panorama da canção brasileira contemporânea e aponta perspectivas de realizações cancionais que correm à margem do mercado e, por isso mesmo, apresenta inventividades e novidades que refrescam a história.

Maria Bethânia é o foco de olhos, ouvidos e reflexões nos textos de **Ana Karolina Kobi** e **Davi Santos**. A primeira voa entre os ecos do álbum *Pássaro proibido* (1976), anteouvindo na voz feminina e singular de Bethânia uma genealogia de matriz vocal e cancional, evocada no canto de Dalva de Oliveira; e o segundo ouve e observa a concepção estética do espetáculo-álbum *A cena muda* (1974), dirigido por Fauzi Arap. Em cena, a teatralidade poética da obra é investigada entre o silêncio e o desejo de mudança materializados na vocoperformance da intérprete.

Carla Oliveira articula correspondências aparentemente insuspeitadas entre vozes mulheres da poesia e da canção popular. "Entre fluxos e contrafluxos do empenho da experiência do desquite na prática artística", Carla ensaia sobre *El libro de Tamar*, de Tamara Kamenszain. Entram no jogo comunicacional Lygia Fagundes Telles, Júlia Lopes de Almeida, Gilka Machado, Cecília Meireles, Henriqueta Lisboa, Ana Cristina Cesar, a fim de pensar "a questão do nome [...] como um código que possibilita a leitura do poema em uma clave amorosa".

Já os processos de composição de letras de canção são discutidos por **Enzo Banzo** a partir de reflexões de Antonio Cicero. Do labor poético do letrista que se debruça sobre uma melodia preconcebida, depreende-se a noção de uma forma fixa móvel, a ser recriada a cada vocoperformance.

Com foco na importância da cultura afro-brasileira na formação da identidade e da expressão literária, **Fabiana Bazilio Farias** analisa como as produções marcadas pela oralidade – notadamente o *slam* – têm se mostrado um desafio incontornável para a construção de uma história da literatura brasileira.

O texto de **Gabriel Costa Resende Pinto Bastos dos Santos** mergulha na poética dos sons do CD-livro *Poesia é risco* (1995), de Augusto de Campos e Cid Campos, oferecendo-nos um inventário crítico em que, na presença corpo-vocal do poeta concretista, o Eu e o Outro se distinguem e se misturam.

Leonardo Crespo parte das afirmações de Emil Staiger sobre lirismo, com o objetivo de analisar a permanência da voz lírica vocal na lírica escrita. Quais os procedimentos estéticos acionados pelo poeta ao assentar um texto no papel? Como manter a entonação embrionária das palavras e sugerir uma leitura em voz alta do poema? – são perguntas que mobilizam o texto.

Por sua vez, com base leitura de algumas metacanções, ou seja, de canções que tratam em seus conteúdos e formas textuais e melódicas do ato de cantar, **Leonardo Davino de Oliveira** investiga a permanência da Musa enquanto personificação da inspiração e da ideia de cantar, no cancioneiro de Luiz Tatit e seus contemporâneos.

Lienne Lyra apresenta parte de sua pesquisa de mestrado sobre o álbum *Galos de briga* (1976), ao analisar a canção "Feminismo no Estácio". A pesquisadora expõe como certos topos indizíveis da letra revelam-se na vocoperformance de João Bosco, sobretudo no modo de entoar o refrão da canção.

Marcela Santos Brigida apresenta sua pesquisa sobre os Arctic Monkeys. Nesse artigo, a autora mapeia a relação de Alex Turner, *frontman* da banda inglesa, com o poeta punk John Cooper Clarke, cuja cadência poética do norte da Inglaterra é um traço constitutivo da estética musical dos Arctic Monkeys.

Marcelo Reis parte de uma notícia de jornal para pensar o ritual de matriz africana do Gurufim, que articula a celebração da morte por meio da festa e do samba. Vida e morte articulam-se na festa que põe em cena o amor ao samba e ao banquete de comida e cachaça como forma de driblar a miséria, enganar a morte e enaltecer aquele que se foi, num velório ao som de batucada.

A vocoperformance de Jards Macalé em "Let's play that", canção feita em parceria com o poeta Torquato Neto, é o objeto do artigo de **Márcia Fráguas**, que investiga de que modo as figurações do poeta marginal, tão associadas a Torquato, aparecem na composição por meio da articulação entre letra, música e performance vocal

E a fim de compreender singularidades fundamentais da nossa organização social/cultural, **Patrícia Bastos** justapõe práticas poéticas vocais que remetem o ouvinte do slam, por exemplo, ao tempo da poesia oral atribuída ao poeta das letras coloniais Gregório de Matos, passando pela prática dos repentistas, que também trabalham na fricção entre escrita e vocalidade.

O ECO DO ROUXINOL NO PÁSSARO PROIBIDO

Ana Karolina Kobi

NO PRINCÍPIO ERA A VOZ

Diz o evangelho de João que "No princípio era o Verbo, e o Verbo estava com Deus, e o Verbo era Deus" (João 1:1). O verbo é *logos*, termo caro à filosofia ocidental. Há várias acepções possíveis para *logos,* uma vez que é um conceito elementar filosófico e todos os grandes filósofos produziram, em algum nível, seu conceito sobre o assunto. Entretanto, podemos reduzir a dois campos em que se é atribuído – o da razão e o do discurso – e opera, sobretudo, na chave da compreensão da linguagem como sistema de significação.

Na *Poética*, Aristóteles vai definir que *logos* é a *phoné semantiké*. É o que nos distingue dos animais, que produzem fonação alógica. É o que nos faz sermos dotados de racionalidade, intenção e significação. Relega a voz, portanto, a ser expatriada quando não se une a um sentido. E essa será uma constante na tradição filosófica, a ausência de reflexão da voz pela voz.

Adriana Cavarero, filósofa italiana, em seu livro *Vozes plurais*, no capítulo intitulado "A desvocalização do logos", observa que "[A filosofia] aprisiona a voz num sistema complexo que subordina a esfera acústica à visual" (2011, p. 52). Mas não é dessa forma que as coisas se desenrolam. Há muito tempo, Oswald de Andrade alertou-nos para o fato de que a gente escreve o que ouve, nunca o que houve. O que nos faz lembrar que no Brasil Caraíba só podemos atender ao mundo orecular.

Não há exemplo mais oportuno do que o de Maria Bethânia. Aqueles que testemunharam uma de suas performances sabem que antes de se presentificar no palco, ela corporifica-se por meio da voz. Você a percebe primeiro pelo som antes de vê-la. É a voz que chega primeiro, voz essa marcante, inconfundível. Prenúncio de uma presença que já está posta no primeiro suspiro. Isso só é possível a partir do que Julio Diniz define como genealogia da voz na canção brasileira.

> [...] existe uma construção identitária, uma construção significativa, uma possibilidade de debate cultural, em particular nos anos 60, através do que eu chamo de *a voz*

> *como assinatura*, uma assinatura rasurada de outras vozes, uma genealogia do canto no Brasil. Para isso eu utilizo uma ideia que é a de pensar a canção através da corporificação que a voz outorga ao conjunto enunciação/enunciado, ao escriturante como letra e ao musicante como som (Diniz, 2003, p. 99, grifo do autor).

A voz como assinatura não só reitera a performance como um ato de "personificação do corpo" como também a "materialização de uma mensagem poética por meio da voz humana e daquilo que a acompanha, o gesto, ou mesmo a totalidade dos movimentos corporais" (Zumthor, 2005, p. 141-143). As performances de Bethânia são sempre dotadas de camadas de rasuras que permitem aos ouvidos astutos reconhecer as referência que ela carrega ao cantar. Assim, a pergunta que sustenta essa inquietação é: qual é a voz de mulher que sustenta a voz de Bethânia? Por ora, o assobio chama o rouxinol do Brasil: Dalva de Oliveira.

Intérprete de rádio que marcou uma geração, seja como cantora solo, seja como componente do Trio de Ouro, Dalva ganhou o coração e os ouvidos de quem sintonizava seu receptor até encontrar sua voz. Extasiava quem quer que fosse com o teor melodramático de suas performances. Entravam em transe como se estivessem ouvindo um canto de sereia. E não de qualquer sereia, mas das sereias homéricas, diferentes da representação nórdica que permaneceu, de mulheres-sereia, criaturas belas e pisciformes.

Aqui a referência são as gregas, as mulheres-pássaro. O canto mortal que a tanto custo Odisseu enfrenta para retornar a Ítaca não é necessariamente dotado de sentido e "Circe não acena a eventuais conteúdos verbais do canto das Sereias. Todo o *pathos* se concentra no circuito mortalmente sedutor de voz e escuta, som e ouvido" (Cavarero, 2011, p. 128, grifo da autora).

No mito de Er, Tamiris reencarna no rouxinol para experimentar plenamente a felicidade de sua arte. Sem necessidade de palavras, são os rouxinóis que emitem os ritornelos deleuzianos que cantam o amor. É assim que o semântico afoga-se na sedução do vocálico. Dessa forma, "a Voz é, de fato, o nome do prazer que transborda da língua, mas é, ao mesmo tempo, aquilo que abre, encoraja e sustenta cada falante/escrevedor no percurso singular de um prazer que implica posse e privação" (Cavarero, 2011, p. 174). Ou seja, não é só o que se canta, mas a forma como se canta.

Existe um jeito muito característico de como Bethânia interpreta, assim como Dalva, e é possível ver o legado da voz como imposição do rouxinol do Brasil ao carcará baiano. Tudo começa e termina pela voz.

OS ECOS DE ECO: O INTOCÁVEL MITO DE ENLOUQUECER

Questionada sobre como se sentia ao ser considerada um mito, Bethânia responde resoluta que no Brasil só existiu um mito: Dalva de Oliveira. Um mito de enlouquecer. Intocável. Embora Bethânia tenha entoado em sua discografia dezenas de canções compostas por homens, as influências de outras vozes femininas que a guiaram sempre estiveram audíveis. O que se destaca aqui é a habilidade ímpar de Bethânia como ouvinte, uma habilidade que se revela em suas próprias canções. Foram seus ouvidos que desde o começo reconheceram a Jovem Guarda como importante movimento musical no Rio de Janeiro – repassando a mensagem aos futuros tropicalistas –, que conseguiram captar a profundidade das interpretações apaixonadas de Dalva e traduzir essa intensidade em suas próprias performances. Foi a imponência da voz de ambas que as distinguiram de outras intérpretes.

> Para o ouvinte, a voz desse personagem que se dirige a ele não pertence realmente à boca da qual ela emana: ela provém, por uma parte, de aquém. Em suas harmonias ressoa, mesmo muito fragilmente, o eco de alhures. As sociedades tradicionais distinguem nitidamente a operação do intérprete e a de uma linguagem autorizada, transmitida impessoalmente [...] (Zumthor, 1997, p. 243).

Indomesticáveis, essas vozes femininas abalam o sistema da razão e arrastam-nos para outro lugar. Como mulheres-aves-sereias que são, o prender, o guardar e, principalmente, o segurar a voz não é uma possibilidade. Por isso cantam do jeito que cantam. Elas se coautorizam a cantar desse jeito.

Antes de cantar *Mãe Maria* em uma apresentação no Fantástico em 1977, Maria Bethânia olha para a câmera e diz: "A Dalva tinha coragem e o jeito de cantar num palco o que eu só tinha coragem e jeito de cantar dentro de minha casa". E depois solta a voz. E é precisamente essa canção que Bethânia vai escolher para ser uma das reinterpretações de Dalva em um momento muito particular e em um disco muito específico.

Lançado em 1976, predecessor da turnê Doces Bárbaros, o álbum de estúdio *Pássaro proibido* contém nele duas homenagens à eterna Rainha do Rádio que, não fazia muito tempo, havia nos deixado. O disco, com produção musical de Caetano Veloso e Perinho Albuquerque, carrega uma carga de significações não ditas. É preciso enfatizar "álbum de estúdio" porque Bethânia vinha de contínuos lançamentos de gravações de shows, modelo que ela particularmente sempre preferiu. É nesse projeto que assume ter penado para encontrar uma música feliz (*Festa*, 1968) e dá início à tão frutífera parceria com o compositor Gonzaguinha.

Na ordem do disco, *Mãe Maria* é a segunda faixa, antecedido por *As ayabas*, momento em que Bethânia saúda Iansã, Ewá, Oxum e Obá, as orixás mulheres. *Mãe Maria* ainda é um eco dessa saudação às figuras femininas sagradas. Ela é a doce mãe dessa gente morena, a mãe que cria, acolhe e educa. Ela é a mesma *Ave Maria no morro*, a quem se roga por proteção quando a alvorada cisma em não vir. É a voz que ecoa a mesma prece, no mesmo tom, na mesma cadência. Essa reverência ao legado de grandes nomes da canção no Brasil é importante não só para conectar com as referências como também reforçar essa genealogia da voz.

Em *Aquele abraço* (1969), Gilberto Gil dedica a canção ao seu pai-deuma cancional: Dorival Caymmi, João Gilberto e Caetano Veloso. Ora, assim percebemos que Bethânia, ao saudar Dalva por meio da reinterpretação de uma das suas canções, faz isso no momento mais fortuito possível: junta ayabas, Virgem Maria e a Rainha do Rádio, criando assim um diálogo entre mulheres que pensam e cantam.

Muito mais soturna que a calorosa *Aquele abraço,* a próxima canção do disco é *A balada do lado sem luz*, de Gilberto Gil. Nenhuma semelhança com a releitura das canções de Dalva, mas de uma peça que se posiciona entre elas. Essa obra causa um certo desconforto, talvez por expressar o amargor de um período que, embora melhor do que os momentos mais sombrios da ditadura, ainda não alcançava sua plenitude. É também uma composição de um exilado que retornou à pátria que, apesar de já ser amado nacionalmente naquela época, ainda não era bem-visto pelo regime militar, como evidenciado pela sua prisão no início na turnê dos Doces Bárbaros. Uma canção intrigante por ser simultaneamente sombria e portadora de uma esperança, antecipando tempos melhores. Apesar de não estar imersa na luz, é possível vislumbrá-la. É um canto que se permite feliz ainda que não seja plena. As demandas são as mais singelas: o amor, o pão, a libertação, a paz, o ar e o mar. Ainda que não seja permitido. É proibido proibir, é sempre bom lembrar.

A Bahia te espera alavanca o sentimento de esperança fechando essa sequência. Nada melhor, em um momento de desesperança, reverenciar a estação primeira do Brasil, o porto de uma nação. Voltar à origem, não só do país como de Bethânia. Apartada de casa, cantar a Bahia sempre foi um recurso de sobrevivência, inclusive de um tipo de Bahia.

Augusto Boal relata que ao montar o espetáculo *Arena canta Bahia* recebeu uma série de críticas de um jovem Caetano Veloso, que recusava a representação de uma Bahia estereotipada e limitada. Foi parte do projeto não projetado de invasão dos baianos lembrar o que era o Nordeste, diferente daquele tão induzido pelos regionalismos nas artes nas décadas que antecederam. Não que não fosse verdade, mas era apenas parte e não o seu todo. Cidade da tentação, o feitiço, o candomblé, o acarajé e a fé te esperam na Bahia.

Cantar uma Bahia, que é o avesso do atraso, faz muito mais pelo combate à visão disseminada no Sudeste do que é a Bahia, e o Nordeste em geral, do que uma canção engajada. É o prenúncio do gesto doce bárbaro que, sem desculpas e com amor no coração, prepara a invasão da cidade amada. E isso só é possível porque Dalva a autorizou cantar assim, desse jeito, anos antes, essa mesma canção, que talvez, se não fosse por ela, Bethânia só cantaria dentro de casa.

A ESTRELA DALVA ME ACOMPANHA

O pássaro proibido é, sobretudo, um pássaro que ao tentarem emudecer gorjeia ainda mais alto e estridente. Ainda nos anos 60, quando Bethânia entra para o espetáculo *Opinião*, não é só sua voz de contralto que chama atenção. Em sua performance, diferente da de Nara Leão, ela adiciona estatísticas de migração do Nordeste para o Sudeste. Isso dá outra camada de leitura para a canção e faz com que ela se torne a Maria Bethânia Guerreira Guerrilha, a voz da resistência contra a ditadura. Ora, quem conhece Maria Bethânia sabe que nunca ela se sujeitaria a uma agenda imposta. Nem mesmo a Tropicália conseguiu sua adesão. O que não significa que ela e sua obra fossem alienadas. Todo o trabalho feito nos anos 70, os espetáculos com direção de Fauzi Arap, tinham forte teor político e sofreram ação da censura.

O rouxinol Dalva ecoa e convoca o pássaro proibido Bethânia porque entende a importância de cantar para exortar. Para finalizar um diálogo que talvez emita a efetivação desse eco estético entre as duas, Dalva canta:

> Na quietude, ao pôr-do-sol
> Ouço cantar o rouxinol
> Que clama, que chama
> que chora, que implora,
> (*O rouxinol*, Chico Novarro).

e em outra canção continua:

> Meu rouxinol
> Está na história
> Meu rouxinol é imortal.
> (*Meu rouxinol*, Mário Rossi/Pereira Mattos).

E Bethânia responde:

> Voar até a mais alta árvore
> Sem medo, tranquilo, iluminado
> Cantando o que quer dizer
> Perguntando o que quer dizer
> Que quer dizer meu cantar
> Que quer dizer meu cantar
> Eu canto o sonho na cama
> Do jeito doce e moreno
> Eu canto.
> (*Pássaro proibido*, Caetano Veloso / Maria Bethânia).

REFERÊNCIAS

CAVARERO, Adriana. *Vozes plurais*: filosofia da expressão vocal. Tradução de Flávio Terrigno Barbeitas. Belo Horizonte: Editora Universidade Federal de Minas Gerais, 2011.

DINIZ, Júlio. Sentimental demais: a voz como rasura. *In*: DUARTE, Paulo Sergio e NAVES, Santuza Cambraia (org.). *Do samba-canção* à *Tropicália*. Rio de Janeiro: Relume Dumará, 2003.

ZUMTHOR, Paul. *Introdução à Poesia Oral*. São Paulo: Hucitec, 1997.

ZUMTHOR, Paul. *Performance, recepção, leitura*. São Paulo: CosacNaify, 2012.

LINHAS DE FUGA DA CANÇÃO BRASILEIRA DO SÉCULO XXI

Bernardo Oliveira

O panorama da canção brasileira contemporânea, particularmente a canção do século XXI, impõe ao crítico a adoção de outras perspectivas de abordagem e compreensão, alternativas àquelas disponíveis até o final do século passado. Diante da multiplicação de tendências que se desdobram para além das fronteiras nacionais (como no caso da efervescente música eletrônica popular[1]), percebe-se imediatamente a impossibilidade de uma sistematização mais rígida, orientada por critérios habituais como os que balizaram a pesquisa musical no Brasil, em sua maioria, critérios que lidam de maneira limitada com o que Nietzsche chamava de "sentido histórico" (*historische Sinn*).

Esse processo de homogeneização histórica, que, por um lado, corresponde à prevalência geopolítica do Sudeste nas formulações em torno da música brasileira, limita também as formas de compreender as expressões musicais e, como consequência, a cultura e o povo que a tornam possível. É evidente, por exemplo, nos estudos da canção brasileira, a preponderância do formalismo, isto é, da forma como fundamento da expressão musical brasileira, e, nesse caso, a forma cancional historicizada, ora pendendo para a hegemonia do legado musical europeu, ora atenta ao caldeamento racial com diferentes tratamentos.[2]

Nota-se também o essencialismo, isto é, música como expressão de uma vocação popular (e, em muitos casos, "nacional"), de uma força metafísica que corresponde e reitera o essencial da cultura brasileira. Há, ainda, certa correspondência com a relação entre "força plástica" – de um indivíduo, de um povo, de uma cultura – e os modelos de construção e ambientação históricas que Nietzsche destrincha na Segunda Consideração Intempestiva, "Sobre a utilidade e os inconvenientes da História para a vida" (1874). Nesse escrito, Nietzsche afirma que a atmosfera histórica de

---

[1] O baile funk em suas diversas ramificações, o forró eletrônico, o pagodão, o brega e o tecnobrega, entre outras expressões da eletrônica popular.

[2] Ao compararmos, por exemplo, trabalhos como de Ary Vasconcelos e José Ramos Tinhorão, perceberemos uma diferença crucial na abordagem da história da canção popular urbana brasileira: a oscilação entre centralidade e a noção de "contribuição" do elemento africano.

um povo e de uma cultura torna-se um elemento fundamental para sua vitalidade, oscilando entre uma forma história que prejudica ou favorece o vivente. Uma cultura histórica só é favorável se for "portadora de futuro", capaz de produzir "uma nova e poderosa corrente de vida" (Nietzsche, 2005, p. 81). É por esse caminho que Nietzsche identifica os diferentes caminhos pelos quais construímos o sentido histórico:

> Mas se é verdade [...] que um excesso de conhecimento histórico prejudica os seres vivos, é também absolutamente necessário compreender que a vida tem necessidade do serviço da história. A história interessa aos seres vivos por três razões: porque eles agem e perseguem um fim, porque eles conservam e veneram o que foi, porque eles sofrem e têm necessidade de libertação. A estas três relações correspondem três formas de história, na medida em que é permitido distinguir aí uma história monumental (*monumentalische*), uma história tradicionalista (*antiquarische*) e uma história crítica (*Kritische*) (Nietzsche, 2005, p. 81).

A história monumental, encetada pelos que agem e perseguem um fim, é o terreno da governança. Podemos representá-la pela comunhão do folclorismo com a manutenção política da "identidade cultural", a relação da cultura com a dimensão coletiva que circunscreve e atrela os termos "popular" e "nacional". A história tradicionalista, realizada pelos que conservam e veneram, que mantém o elemento folclorista, abrindo-se também para a chancela dos movimentos que marcaram a contracultura sudestina brasileira – a Bossa Nova, a Jovem Guarda, o Tropicalismo.

Particularmente no que diz respeito à análise da canção, o século presente traz um tensionamento entre um paradigma poético-linguístico, de orientação Monumental e Antiquária, e um forma histórica-crítica, realizada pelos que "sofrem e tem necessidade de libertação", calcada em paradigmas estético-sonoros. A primeira corrente representada pelas formulações conceituais elaboradas por Luiz Tatit, a segunda por estudos do som, no Brasil protagonizados por José Miguel Wisnik, Silvio Ferraz, entre outros.

Nesse panorama, compositores inscritos na canção brasileira da primeira década do XXI abriram-se para transformações políticas e culturais que trouxeram dinâmicas de estabilidade e instabilidade nos últimos 20 anos. Instabilidade quanto às interpretações legitimadas e consolidadas, quanto ao espectro de valores, visões de mundo, produção e autocompreensão política e geopolítica; por outro lado, em seus registros institucionais, ligados não só à universidade, mas às instituições culturais, uma supervalorização justamente dos mesmíssimos fenômenos.

Como uma resposta a esse ambiente marcado pelo deslocamento constante, tais compositores enunciaram algumas modulações cancionais cuja principal característica seria a criação de "linhas de fuga": fuga das sobrecodificações e generalizações impostas pelo mercado, pelo "gosto médio vigente", pelas tendências midiáticas e, sobretudo, por duas das principais vertentes ideológicas da música brasileira: o nacional-folclorismo – as missões folclóricas, de Mario de Andrade, a *Revista de Música Popular* e o CPC e, atualmente, o eixo nacional-popular tomado não só como modelo histórico, mas também como uma espécie estranha de autoajuda – e o discurso antropofágico, em termos gerais, as vanguardas do século XX e, particularmente, o Tropicalismo.

Não que não haja na canção contemporânea elementos concomitantes ao nacional-folclorismo e ao tropicalismo, mas não há o menor traço de compromisso com essas tendências de um ponto de vista ideológico – levando em consideração, como afirma Tom Zé, que "o gosto médio vigente" corresponde sempre a uma moral (Oliveira, 2014, p. 23-24). Observa-se que a matéria cancional desprende-se de seu substrato histórico e ideológico para abrir diálogo com outras possibilidades que não se restringem ao campo da "bela forma" ou da validação histórica.

A canção brasileira no século XXI modificou-se pela força multidirecional dos múltiplos deslocamentos que marcam esse período – transformações sociais, culturais, tecnológicas, mutações do trabalho e das formas de vida, redistribuição dos papéis simbólicos que determinadas culturas ocupavam no passado recente. O mapa da produção musical alterou-se durante o início do século, mas, junto a ele, também o modo como o percebemos, produzindo reabilitações e perspectivas renovadas sobre artistas do passado. Por exemplo, o reconhecimento dos cantores dos anos 70, rebatizados como "bregas" (Reginaldo Rossi, Odair José), do rap da periferia de SP (sobretudo, dos Racionais), e, nas últimas décadas, de gêneros autônomos, como a Guitarrada e as diversas manifestações da música eletrônica popular, testemunham que a paleta de sons, cores e perspectivas da música brasileira ampliou-se consideravelmente.

Do ponto de vista da técnica, destaca-se o surgimento de condições de produção musical até então inéditas, o que possibilitou a eclosão de uma música extremamente fértil e controversa, a "música pós-industrial brasileira": mutações do brega e do tecnobrega no Pará; arrocha em Recife; funks carioca, paulista e mineiro; pagodão baiano e metamorfoses nem sempre previsíveis, como o bregafunk e o pagonejo.

Pode-se afirmar que a canção contemporânea faz-se sobre outras bases e, portanto, seria outra canção, mas não se poderia dizer algo parecido em relação aos Novos Baianos, Luiz Melodia e, mais tarde, João Bosco, Djavan, Arrigo Barnabé e Itamar Assumpção, abordagens cancionais mais ou menos derivadas das oscilações criativas entre o díptico folclorismo/tropicalismo? O que caracterizaria, então, essa canção mais recente?

Uma primeira hipótese seria o fato de que abriu mão de se situar em relação às tensões consolidadas pelo pensamento brasileiro do século XX (nacional/popular, nacional/estrangeiro, popular/erudito, alta cultura/baixa cultura) e reivindica as fronteiras de um complexo de cultura em acelerado processo de fragmentação e miscigenação. Quando se faz referência à fragmentação, considera-se que se trata de um amplo fenômeno por meio do qual a influência do Sudeste brasileiro permanece apenas nos estudos acadêmicos, mas partilha sua hegemonia nacional com outras hegemonias locais – a música paraense e baiana como exemplos de uma conexão singular entre cultura e mercado.

Nesse caso, a palavra-chave parece-me "experiência", do latim *experior, experire*: pôr à prova, experimentar, correr o risco. Não se faz referência somente à experimentação sonora, que determina a expressão "música experimental", mas a uma dimensão pedestre da canção contemporânea que, em conexão com a rua, busca contrair e assimilar as expressões que emanam de conflitos urbanos, suburbanos e rurais.

Em última instância, esse contexto indica uma situação de perigo crescente. O perigo no ambiente musical brasileiro é não ser passível de uma classificação consolidada, legitimada, plausível. O perigo é não corresponder às expectativas geradas pelo estabelecimento de um "corpo cancional" consolidado e legitimado. No passado mais ou menos recente, alguns foram classificados como "malditos", outros como "experimentais", justamente porque não comungavam ou não se adequavam às expectativas tanto do mercado como dos meios acadêmico, intelectual e artístico.

A eficácia das categorias elaboradas por Luiz Tatit pode vir a assimilar a introdução de outros elementos, em sua maioria relacionados com a presença concreta do ritmo e relacionados com o calor da performance.3 A canção contemporânea não se resume a uma resultante inscrita em um sistema de coordenadas bidimensionais, formado única e exclusivamente a partir da tessitura (altura) e do andamento (duração). Hoje, talvez seja preciso encarar que a canção é feita também na performance, na instrumentação, nos modos de apresentação e gravação, valorizando também a intensidade (volume) e o timbre (fonte sonora), não como adereços, mas como elementos constitutivos da canção. Isso porque, adequado a uma percepção da canção como hábito e epicentro da cultura nacional, o hilemorfismo (isto é, a associação imediata entre as noções de forma e conteúdo) opera como forma apriorística da análise musical, permitindo ao crítico isolar a canção da performance. Seguindo por outro caminho, observa Silvio Ferraz em seu *Livro das sonoridades*:

> Qual disciplina musical fala do movimento? Qual fala da articulação de tempo? Qual nos fala como encadear e conduzir um ouvinte? Acredita-se que estejamos falando disto, primeiro, ao se falar da forma; crença antiga de que se deve falar apenas das essências formalizáveis, estáveis, e não das aparências, instáveis, dinâmicas. E, segundo, quando se fala das cadeias sígnicas amostradas e hierarquizadas pelas semióticas: é a "crença antiga", agora ampliada para aquilo que antes parecia impalpável... a psicologia da arte, um conteúdo para a forma (Ferraz, 2004, p. 21).

Para alguns compositores do século XXI, a essência formal não pode ser exposta sem que se traga a experiência e a performance para o centro constituinte da canção: é por meio da aparência que boa parte desses autores irão se exprimir. É necessário pensar a canção em conformidade

---

3   Por exemplo, a título de ampliação, percebo que, mesmo do ponto de vista formal – pois a canção popular perdura diariamente, reinventada na boca do povo – existem outros elementos no complexo e elegante diagrama desenhado por Tatit. Lá, onde a semiótica é afetada pela realidade presente do som, percebo graus de comunicatividade, percussividade e imprevisibilidade. A comunicatividade parece inspirada no diálogo entre vozes e tambores, diz respeito à apropriação de dinâmicas rítmicas da língua com objetivo de chamamento, característico das necessidades de maior engajamento para a roda ou o ritual. A percussividade, desdobramento da comunicatividade, corresponde à distribuição das sílabas segundo uma interpretação específica dos toques do tambor e de sua função no ritual. A imprevisibilidade, por sua vez, é o agente que pode intensificar ou afrouxar os elos que mantêm a roda e o ritual de pé e diz respeito a uma inversão: nesse caso, o "ruído", a "síncope" e demais elementos que na concepção ocidental podem prejudicar a justa transmissão do código, não se afiguram nem como acidente, nem como distúrbio para a transmissão do código (OLIVEIRA, 2020).

com a escolha da instrumentação e a performance, buscando não só identificar as opções timbrísticas na interpretação vocal, como também instrumentais, nos arranjos e no modo da apresentação.

A inclusão do ruído, das longas durações, a valorização da ambiência, inscrevem outras dinâmicas expressivas no corpo cancional. A canção torna-se um objeto integrado a coordenadas sonoras e não sonoras, não mais um tema que se embala por um "acompanhamento" (no que diz respeito à forma) ou a uma "linha evolutiva" (no que diz respeito à avaliação histórica), mas adapta-se a múltiplos deslocamentos, em sua maioria, sonoros, não sonoros e/ou performáticos. É como se os compositores passassem a projetar a canção não mais a partir da relação matéria-forma, capaz de representar um modelo formal específico, mas de recorrer a outro modelo de relação entre som e as forças que ele carrega, uma nova canção que busca "tornar audíveis forças não-audíveis por si mesmas":

> Somos levados, creio, de todos os lados, a não pensar em termo de matéria-forma. [...] Toda essa hierarquia matéria-forma, uma matéria mais ou menos rudimentar e uma forma sonora mais ou menos elaborada, não foi isso que paramos de ouvir, e o que os compositores pararam de produzir? O que se constitui é um material sonoro muito elaborado, não mais uma matéria rudimentar que receberia uma forma. E o acomplamento se faz entre esse material sonoro muito elaborado e forças que por si mesmas não são sonoras, mas que se tornam sonoras ou audíveis pelo material que as torna apreciáveis. É o que ocorre com o "Diálogo entre o vento e o mar", de Debussy. O material está aí para tornar audível uma força que não seria audível por si mesma, a saber, o tempo, a duração, e mesmo a intensidade. A dupla matéria-forma é substituída pela dupla material-forças (Deleuze, 2016, pp. 163-168).

Nesse contexto, em que uma relação entre forma e matéria (a forma da canção e a matéria harmônica e melódica que a preenche) será, nesses casos, adensada (e não substituída) por uma atenção aos materiais e às forças irrepresentáveis que eles expressam, é possível destacar não somente alguns desses novos autores e intérpretes – Juçara Marçal, Kiko Dinucci, Negro Leo, Rodrigo Campos e Romulo Fróes –, mas, sobretudo, alguns dos procedimentos e estratégias conceituais e técnicas com que produzem suas canções, a saber: o amálgama, a simultaneidade, a "máscara", o lirismo bruto/lirismo impuro e a fluidez.

A intenção a seguir não foi demonstrar que esses compositores representam uma "nova canção", nem de forçar alguma equivalência entre eles. Pelo contrário, tratam-se de compositores com abordagens da canção completamente distintas, mas que mantêm algumas preocupações semelhantes, exprimindo não uma suposta "nova fase da canção", mas uma consciência parcial, fragmentária acerca de algumas noções: primeiro, uma recusa positiva de qualquer perspectiva identitária (gênero, nacionalidade, formas consolidadas, convenções) em favor da individuação, da singularidade – esse registro muda radicalmente a partir de 2016-2017; uma recusa positiva de qualquer perspectiva representativa ("brasileiro") ou representacional ("sambista", "roqueiro"), em favor de uma afirmação expressivamente centrada na singularidade; a elaboração de procedimentos particulares que abolem a distinção forma/conteúdo na produção cancional e assumem a comunicação da relação entre os materiais sonoros e as forças irrepresentáveis que eles carregam como um espectro material.

Passemos à análise de cada uma das categorias e aberturas listadas:

1. **Amálgama:** a preeminência da voz sobre a instrumentação é substituída por um amálgama de sonoridades. A voz é mais do que expressão da voz de alguém, isto é, de um meio particular pelo qual o universal da canção apresenta-se. A voz integra um particular entre particulares; a forma da canção dissolve-se e confunde-se aos materiais sonoros.

Exemplo: as canções do Passo Torto e do disco de Juçara Marçal (*Encarnado*) estão ancoradas em um tipo de arranjo todo baseado em um plano permeado por contrapontos, encaixes, ressonâncias, no qual a voz é instrumento para além da representação comum. A harmonia em dedilhado na guitarra e no cavaquinho sobreposta a linhas melódicas que se repetem (*ostinatos*). As guitarras e os cavaquinhos processados por pedais, ruídos que operam não como detalhes, mas como elemento de estrutura. Há também um alto grau de percussividade nos instrumentos de corda. Os acordes não são tocados como "base" para a voz nem há uma integração entre voz e harmonia (ou instrumentação). O que ocorre é uma arena de conflitos programados entre frequências, entre notas, acordes e ruídos, que não se desprendem da forma cancional. Como em "Velho amarelo", canção do primeiro disco solo de Juçara Marçal (reparem na terceira vez que Juçara canta "não diga que estamos morrendo..."), ou "Homem só", música de Romulo Fróes, letra de Rodrigo Campos (como as cordas sustentam o pulso rítmico da canção-gravação). Como afirmam Deleuze e Guattari (1997, p. 95),

> [...] e lentidões inserem-se na forma musical, impelindo-a ora a uma proliferação, a microproliferações lineares, ora a uma extinção, uma abolição sonora, involução, e os dois ao mesmo tempo. O músico pode dizer por excelência: "Odeio a memória, odeio a lembrança", e isso porque ele afirma a potência do devir.

2. **Simultaneidade:** Uma certa canção contemporânea adere à interpretação instrumental, ao imprevisível da instrumentação, formando com ela um todo mais complexo. O arranjo da canção não é acessório, mas é simultâneo à própria canção, ao procedimento instrumental e performático. A canção não é mais uma forma que o arranjo "interpreta", é elaborada a partir da própria instrumentação, da própria performance.

Exemplo: No álbum *Ilhas de calor*, Negro Leo gravou toda a instrumentação em sessões de improviso. Após a gravação, selecionou trechos sobre os quais poderia escrever suas letras. Estas, por sua vez, acomodadas ao improviso instrumental, converteram-se em canção. A canção que batiza o disco, "Ilhas de calor" (2014), concretiza-se a partir de um ambiente sonoro definido não pela "instrumentação" (porque, assim, manteríamos a distinção forma/conteúdo), mas por um complexo de sons que partem dos instrumentos (novamente a voz como "instrumento") e de certa atitude dos músicos. A marca do acontecimento (isto é, a marca da improvisação) permanece e cristaliza-se na canção como um dado de perene incompletude. O mesmo ocorre na canção "Jovem tirano príncipe besta", a forma da canção nascendo na performance.

3. **Máscara:** a voz cancional desempenha outros papéis. Troca de máscaras com a instrumentação, o arranjo, a performance. A altura, a intensidade, a duração e, sobretudo, o timbre, conferem expressão ao som. Um ataque de timbre pode significar mais do que uma nota ou palavra. A voz é timbre para soar em justaposição com outros timbres: timbres da guitarra, saxofone, percussão, esses também recodificados por obra da aplicação de efeitos e processamentos. Mais do que se exprimir enquanto "voz" (uma determinada representação da "voz"), a voz é redistribuída de

muitas formas diferentes: a voz pode soar como guitarra, como saxofone, às vezes como navalha, pássaro, chaleira e até mesmo (como na maioria dos casos) a voz em seu devir-voz. Esse procedimento também é bastante utilizado no álbum *Anganga*, de Cadu Tenório e Juçara Marçal.

Exemplo: em "Imposto Robin Hood", do álbum *Tara* (2013), Negro Leo usa esse método em favor de uma abordagem "mascarada", "instrumentalizada" da voz. Juçara Marçal em "A velha da capa preta", música de Siba de 2007, modula sons graves, granulados e sombrios, saturados por efeitos.

4. **Lirismo bruto/lirismo impuro:** o Tropicalismo reivindicou um curto-circuito no lirismo tradicional, com a inclusão de vocábulos extraídos das propagandas, exacerbação *kitsch*, abertura aos experimentos poéticos dos concretistas, abertura ao acaso, ao *happening*. Mais recentemente, esse lirismo deixou-se permear por artifícios como a descrição técnica, a exposição de temas não líricos, as frases de efeito, o sexo sem meias-palavras, isto é, desprovido de eufemismos como nas diversas manifestações da putaria, e, essencialmente por uma urbanidade caótica em que tudo se relaciona com tudo. Os temas escolhidos por esses autores os aproximam de linhagens musicais e sonoras que não compartilham de um estatuto no panteão da grande canção brasileira, principalmente o punk paulistano, o hip hop de periferia, as experiências do pós-punk inglês e norte-americano (a NoWave, p. ex.) etc. Há também uma visão micropolítica fragmentária, incrédula de inserção em um todo coerente (os rótulos, a MPB). Presença do desconforto: temas, ruídos, palavrões, estranhamento, mulheres que se transformam em prédios, colégios internos travestidos em grandes centros de sodomização infantil.

Tomemos como ponto de partida a faixa "Boneco de piche", de Romulo Fróes e Nuno Ramos, como exemplo fundamental desse lirismo que abandona as premissas da canção regular e abraça oxímoros, imagens contrassensuais e desconfigurações semânticas. Salpicado de nexos estranhos entre a paisagem carioca e signos religiosos, "Boneco de piche" é uma faixa desconcertante. Sua forma rítmica sobressaltada destaca-se por uma combinação eficaz de frevo, choro e rock, executada por um trio digno de nota, formado por Marcelo Cabral, Pedro Ito e Guilherme Held.

A colaboração fundamental de Rodrigo Campos (no cavaquinho, cuíca e violão) destaca-se no diálogo agudíssimo entre a cuíca e o cavaquinho, acompanhado pela guitarra sutil de Held, e permite associar essa gravação à noção de "amálgama", como expressado anteriormente. Essa configuração sonora contamina a poesia, permitindo que certos versos sejam, simultaneamente, justos e desajustados, fluidos e pedregosos:

"Boneco de Piche" (Romulo Fróes e Nuno Ramos)
Ia sobrar pra mim, ia ser bem ruim
Já colei no cenário
Acho que eu tô no fim
Grudaram um soco em mim
como um cara ao contrário
Sai já do sol, que azar o meu
O boneco sou eu
Feito de piche, eu bem que disse
O pé preso no céu.

Na faixa já citada, "Ilhas de calor", mas também em "Helena", canção de Kiko Dinucci e Rodrigo Campos, os versos sacanas e românticos são intercalados por prédios que contraem micose e bronquite:

"Ilhas de calor" (Negro Leo)
As madres observam à distância o esquema de compensação psíquica desenvolvido pelas crianças pra suportar a catequese / Naqueles tempos uma madre confessou-me angustiada que assistiu *Calígula* de Hollywood / Que as outras madres acudiram em reparar, eram virtuosas na correção / Certo dia essa mesma madre cismou comigo, não entendi a barra dela, quis obstruir o acesso à minha ilha: pau pau pau...

"Helena" (Kiko Dinucci/Rodrigo Campos)
Helena
Não vem dizer Helena
Que a vida é só pra nós
Que a vida é só pra nós
Helena
Tem só nós dois Helena
A vida é só pra nós
A vida é só pra nós
Helena, os prédios têm micose
Helena, os prédios têm varizes
Helena, os prédios têm bronquite
E a cidade é um rádio por dentro

[...]
Helena, os prédios também morrem
Helena, prédios também transpiram
Helena, prédios também escarram
E a cidade é o centro do cerco.

Negro Leo apropria-se de forma particular da poesia de Guérasim Luca (1913-1994), poeta surrealista franco-romeno que desenvolveu procedimentos que visavam ao tensionamento da língua mediante uma diversidade de técnicas literárias que esvaziavam as palavras de suas funções correntes e sublinhavam ritmo, tessitura, voz, performance. Negro Leo realiza um procedimento semelhante na canção "Imposto Robin-Hood" (2013), utilizando as palavras como elemento rítmico em sintonia com as modulações instrumentais.

"Imposto Robin-Hood", do álbum *Tara* (2013)
Brics Brics Brics
Jasmim Jasmin
Outonodocidente Outonodocidente Outonodocidente
Lótus Lótus Lótus Lótus Lótus Lótus Lótus Lótus

Por fim, o niilismo violento da canção "Rárárá", novamente assinada por Dinucci e Campos, de imagens alusivas à sanguinolência *splatter* dos filmes de terror norte-americanos, à ultraviolência e, no refrão, o pedido nonsense: "deixa eu gozar enquanto morro de tanto rir". Esse conteúdo provoca contraste radical em um samba de feições tradicionais. Choque moral, confronto de hábitos e visões de mundo.

"Rárárá" (Kiko Dinucci/Rodrigo Campos)
Quero sentir seus ossos
Quebrando entre os dentes
Seus entes pedindo socorro
Quero ouvir o esporro
Dos olhos pulando da cara
Coisa rara
Em terra de cego de olho de vidro
Quero honrar teu amigo
Antes da ceia
Um só tiro no umbigo
Fecundar sua filha
No mais
Amar tudo que ama
Enfim, brincar no seu autorama
Desculpe a dignidade

De lhe dizer atrocidades
Mas essa é a minha maior qualidade
Deixa eu gozar
Enquanto eu morro
De tanto rir
Rárárá

5. **Fluidez:** a fluidez da experiência e do improviso substituiu a fixidez da forma, e certo artista passou a não mais depositar a obra em uma escala estática do tempo e do espaço, mas a desdobrá-la em outros tempos e espaços de ordem subjetiva. O tempo fixo foi substituído por linhas multitemporais, a noção de obra passou a relacionar-se com o tempo estendido da experiência. Nada mais natural que o improviso tenha aderido à forma da canção enquanto parte de sua estrutura e não como adereço.

CONCLUSÃO

A ideia de miscigenação no plano cultural, tão celebrada na música brasileira como elemento primordial, manteve-se restrita a determinados códigos que, no século XXI, passam a ser recombinados. Nossa miscigenação sempre foi ambígua e determinada pela desigualdade social e por um racismo ora aberto, ora matizado, porém sempre cioso de seus códigos e limites. Exemplos de uma mistura desigual: a protagonizada por Paul Simon com o Olodum, ou como Chico Science, que combinou o maracatu com o hip hop, revelam uma estrutura mais ou menos determinada pelas relações de classe, geopolíticas e, por que não, moral. Desse modo, o samba pôde ser "reabilitado" pelo hip hop e a batucada original do Olodum "legitimada" pelo country pop ultrapassado de Paul Simon.

Essa geopolítica sonora desigual, na qual um elemento mais forte economicamente reifica o outro, por sua vez mais frágil economicamente, é atingida de alguma forma por essas novas "misturas", dando espaço a combinações mais complexas. Desse modo, percebemos, com certa liberdade no olhar, a associação do funk, do brega, do pagodão, do arrocha aos procedimentos desses compositores mencionados acima. No caso do samba de Kiko Dinucci, por exemplo, a ideia de "afrosambas", elaborada e desenvolvida por Vinícius de Moraes e Baden Powell, não se reconfigura necessariamente a partir da combinação com alguma manifestação externa, mas é como que repensada por um tipo particular de apresentação – mais forte em termos de presença percussiva e timbristicamente mais intensa – que confere outras imagens à interpretação.

Podemos prolongar essa observação em retrospecto: artistas como Almir Guineto e Fundo de Quintal e, mais recentemente, Siba e Dona Onete, foram igualmente capazes de produzir uma "mistura" com caráter de reavaliação e experimentação internas que não abriram mão de produzir sonoridades e poéticas distintas daquelas que lhes servem de base.

É assim que nas mãos de alguns autores, a canção contemporânea recusa-se a ser decodificada no interior de quaisquer generalizações. Tornando-se pedestre, longe das estruturas institucionais, das grandes gravadoras e do *jet set* intelectual, ela resiste ao espaço da programação algorítmica, confunde-se com o mundo e, assim, com sua constituição múltipla e atribulada. O eixo produtivo deslocou do Sudeste para privilegiar outros aportes culturais e "mercados"; a relação com o passado deixou de ser reverencial ou ideológica e concentra-se sobre a atualização criativa; a distinção nacional/estrangeiro dá espaço a uma canção híbrida, que configura o que pode ser chamado de período "pós-industrial" da música brasileira; por fim, o problema da canção deixa de posicionar-se no díptico forma/conteúdo e passa a ser depositada sobre o eixo da performance e da experimentação, sobre os materiais e as forças, sobre os sons que expressam forças não audíveis por si mesmas.

REFERÊNCIAS

DELEUZE, Gilles. "Tornar audíveis forças não-audíveis por si mesmas". *In*: LAPOUJADE, David (org.). *Dois regimes de loucos*. Textos e entrevistas. Tradução de Guilherme Ivo. São Paulo: Editora 34, 2016. p. 163-168.

DELEUZE, Gilles; GUATTARI, Félix. *Mil platôs*: capitalismo e esquizofrenia 4. Tradução de Suely Rolnik. São Paulo: Editora 34, 1997.

FERRAZ, Silvio. *O livro das sonoridades* [Notas dispersas sobre composição]. Rio de Janeiro: 7Letras, 2004.

NIETZSCHE, Friedrich. *Escritos sobre história*. Tradução, apresentação e notas de Noéli Correia de Melo Sobrinho. Rio de Janeiro: Loyola; Ed. da PUC-Rio, 2005.

OLIVEIRA, Bernardo. *Estudando o samba* – Tom Zé (O livro do disco). 1. ed. Rio de Janeiro: Cobogó, 2014.

OLIVEIRA, Bernardo. A dança vem antes. A música "olha e toca": a palavra percussiva na canção brasileira. *Suplemento Pernambuco* – Jornal Literário da Companhia Editora de Pernambuco, [s. l.], 28 dez, 2020.

ENTRE A VIDA E O VERSO: (BREVES) FRAGMENTOS DE UMA PERFORMANCE AMOROSA

Carla dos Santos e Silva Oliveira

CLIMÕES & CANÇÕES

É mítica a trajetória de "Atrás da porta" (1972), primeira canção composta pela dupla Chico Buarque e Francis Hime, que ficou marcada pela performance pungente de Elis Regina no show da série *Grandes nomes* (1980), exibido pela TV Globo. Chico Buarque atribui a composição da primeira parte da letra ao excesso de uísque bebido na casa de Petrópolis do casal Hime: "[...] acabou o whisky, ou acabou a inspiração, ou o porre foi muito grande [...] e aí a letra ficou inacabada" (Oliveira, 2006)[1].

O fato é que muito tempo depois da bebedeira serrana, o pedaço de canção chegou aos ouvidos de Elis Regina, mais exatamente em 1972, momento em que ela e Ronaldo Bôscoli davam cabo de seu malfadado casamento (Motta, 2001). O trecho da música foi gravado e enviado a Chico que, a partir do impacto causado pela audição daquela voz dilacerante, compôs a segunda parte da letra: "Dei pra maldizer o nosso lar / Pra sujar teu nome, te humilhar / E me vingar a qualquer preço / Te adorando pelo avesso" (Regina, 1972). Isso faz com que possamos compreender a interpretação de Elis Regina como um tipo singular de coautoria; ou, tendo em vista uma crítica genética derramada, faz com que pensemos que a completude da canção deu-se pelo encontro tempestivo de uma letra coxa com um coração estropiado.

Mais recentemente, em 2017, Letícia Novaes, nome celebrado dentro de um cenário alternativo da música carioca à época, lançou o álbum *Letrux em noite de climão* sob o codinome teatral de "Letrux", apartando-se, assim, de sua trajetória artística anterior com o guitarrista e ex-companheiro Lucas Vasconcellos, na dupla Letuce.

---

[1] Disponível em: https://www.youtube.com/watch?v=gNybLlGpti0&ab_channel=RWR. Acesso em: 10 ago. 2023.

O primeiro álbum solo, que tinha participação de sua musa Marina Lima, alçou a cantora a um público maior – chegando a tocar no Festival Lollapalooza – e angariou elogios da crítica, com exceção do jornalista Mauro Ferreira (2020), do grupo *O Globo*, que, na ocasião, vaticinou que o disco não atravessaria a sua "bolha digital", supostamente aduladora, por suas composições guardarem certa dissonância entre letras e melodias, as últimas inferiores, segundo ele. O ponto alto da resenha praguejadora, que elogiava, no entanto, o clima sedutor de ressaca amorosa, foi a parte que o resenhista inferia que as canções "Ninguém perguntou por você" – "Ninguém perguntou por você / Eu ri, te citei, mesmo assim / Como quem não quer nada" (Novaes, 2017) – e "Amoruim" – "Existe amor depois do amor / Resiste amor depois do horror" (Novaes, 2017) – eram endereçadas a Vasconcellos.

No Facebook, Letícia Novaes escreveu uma longuíssima ode à ficção – o que me trouxe a recordação da finada comunidade do Orkut "Não fui eu, foi meu eu-lírico" –, defendendo-se da crítica: "'Ninguém perguntou por você' pode ser para Lucas, visto que todos jornalistas perguntam dele? Risos e mais risos. Isso aí é coisa inventada minha ou paixão platônica, não interessa" (Novaes, 2017)[2].

Já na obra de Sophie Calle, não a correntemente citada *Prenez soin de vous* (2008),[3] mas, em específico, o livro *Des histoires vraies* (2002) – no Brasil, *Histórias reais* (2009) –, e o filme *No sex last night* (1996), a experiência do divórcio é apresentada de maneiras distintas. No livro, há uma narrativa em primeira pessoa chamada "O marido – 10 histórias", contada na companhia de 10 fotografias, que encena, em 10 atos, o caso de Sophie com Greg Shephard, do primeiro encontro à separação.

Em *No sex last night* (1992), os artistas, com a relação deteriorada, atravessam os Estados Unidos em um carro para se casarem e acabam registrando seu rompimento. Nesse caso, os dois protagonistas filmavam um ao outro, em uma perspectiva entrecruzada, falando quase exclusivamente para a câmera. Além disso, a artista concebeu uma instalação chamada "Le mari" (1995). É possível pensar que por meio das artes visuais, do cinema e do texto, Sophie Calle produziu um esgotamento da sua experiência de separação.

---

[2] Disponível em: https://www.facebook.com/letruxleticia/posts/pfbid0cJftZxNEMrG69ECi3KRpqWXX9Jc-9T6jfTf6HAeJx9JJVxdqqSkqRDqM4uTo8aAUHl. Acesso em: 10 ago. 2023.

[3] A artista utiliza o e-mail de rompimento enviado por seu então companheiro. O trabalho desdobra-se entre uma exposição e um livro.

Entre fluxos e contrafluxos do empenho da experiência do desquite na prática artística, em *El libro de Tamar*, Tamara Kamenszain comenta sobre o caso de seu poema sem título, publicado no livro *Tango bar*, que extrapola essas duas vias.

> Rubia, ¿me escuchás?
> Este es un mensaje
> donde te digo
> que soy tu amigo
> y tiro el carro contigo
> aunque ya me haya ido
> aunque esté lejos
> muerto vivo en tu recuerdo
> porque no soy
> el hombre que esperabas
> mejor quedate esperando
> que ya llego ¿me escuchás?
> porque al fin la vida es corta
> y te acelera hasta mí
> cuando el piolín por fin se corta
> tapame la cara rubia
> no me dejes ver el final
> que yo también soy
> una criatura tuya
> tan chiquito y desnudo ahora
> que nadie en vos me ve
> (Kamenszain, 2020, p. 49-50).

Ainda conforme Kamenszain, os versos foram escritos como uma forma de jogo com a letra do tango "Mensaje", composta por Cátulo Castillo, para uma música que Enrique Santos Discépolo havia deixado incompleta. Alguns dias depois da morte de Discépolo, sua esposa Tania telefonou para Cátulo pedindo para que completasse a obra. Como "Atrás da porta", a canção ficou esquecida por muito tempo até que, em uma madrugada, Castillo despertou com uma voz lhe ditando o restante da letra da música, batizando-a, então, de "Mensaje". Tamara conta que um dos resenhistas de *Tango Bar* criticou o poema em questão, especialmente a rima "cacofônica" "*digo/amigo/contigo*", contrabandeada do tango de Cátulo, deduzindo, assim, que a poeta mudara a direção textualista de sua produção poética com esses versos "menores" de cunho autobiográfico.

Em *Logique des genres littéraires*, de 1957, Käte Hamburguer já havia, resolutamente, organizado o estatuto do "eu lírico"[4] – relembra a poeta – por isso, parecia-lhe uma discussão desatualizada. Entretanto, naquele momento, sua militância neobarroca lhe impedia até mesmo de nomear seus poemas, gesto que poderia oferecer pistas além da conta sobre os sentidos dos versos. Na ocasião, como Letrux, Kamenszain respondeu ao crítico: "Incluso me acuerdo de haberme preguntado, un tanto indignada, de dónde sabía el autor de la reseña que yo estaba hablando de mi propia vida y por qué no se le había ocurrido pensar que a lo mejor los 'contenidos' de mi libro fueran ficcionales" (Kamenszain, 2020, p. 50).

No entanto, passados 20 anos, ao reler o poema escrito quando ainda estava casada com Libertella, Tamara refere-se ao termo "textos proféticos lejanos", forjado por Héctor Viel Temperley, cujos poemas anteciparam a enfermidade que acabou ocasionando a sua morte,[5] e pergunta-se se o poema tinha mesmo teor autobiográfico ou se tratava-se da propriedade premonitória da poesia, que escreve os acontecimentos da vida – dessa vez, a separação do casal e o óbito de Libertella –, precipitando-os em versos. As indagações insistem, girando em torno de especulações a respeito das barreiras impostas pelo formalismo do par de amantes: a voz do poema era de fato do moribundo Discépolo, que se dirigia à Tania, ou o sujeito poemático era Héctor, falando à mulher com quem partilhava uma história fadada ao fracasso?

O veredito dessa leitura, feita em público em *El libro de Tamar*, é de que aquele era, sim, um poema de amor, que poderia ser nomeado, no dizer de Josefina Ludmer (2013),[6] "Mensaje por Héctor Libertella. In memo-

---

[4] Na tradução de Cátia Sever: "A linguagem criativa que produz o poema lírico pertence ao sistema enunciativo da linguagem; é a razão fundamental e estrutural pela qual entendemos um poema, como um texto literário, bastante diferente de um texto ficcional, narrativo ou dramático. Recebemo-lo como o enunciado de um sujeito de enunciação. O eu lírico, tão controverso, é um sujeito de enunciação (Hamburger, 1986, p. 208 apud Sever, 2018, p. 31). Sobre as imbricações entre o lírico e o texto em primeira pessoa, a teórica enfatiza a existência de uma semelhante estrutura lógico-linguística, por coincidirem no mesmo lado da enunciação. No entanto esses dois géneros dão distintos sentidos à matéria vivida. "O estatuto do sujeito lírico, demasiadas vezes pensado em termos das relações que estabelece com o seu autor, será assim desmantelado das polaridades sujeito lírico/sujeito empírico ou texto ficcional/texto autobiográfico" (Sever, 2018, p. 31).

[5] O poeta reuniu esses poemas "premonitórios" no livro *Hospital británico* (1986), que carrega o nome do lugar onde ele ficou internado e faleceu.

[6] Em Aqui *América Latina*, Josefina Ludmer publicou, na seção "Buenos Aires anos 2000 – Dário sabático", uma entrada, em 30 de maio, cujo nome era "Um passeio por Buenos Aires com Hector Libertella, contado por ele mesmo. *In memoriam*". O livro foi publicado pela primeira vez em 2010 e Libertella faleceu em 2006.

riam" – nesse caso, uma memória que se refere ao conceito da teórica de "memória íntimapública", na qual sempre somos contemporâneos.[7] Era um poema de amor escrito à moda dos tangueiros, os maiores poetas para Kamenszain: "La rima que ellos manipulan con una sutil habilidad lírica tiene ese toque de cacofonía que, como en el rap, golpea y golpea sobre los asuntos de la vida para que aparezcan en su verdade" (Kamenszain, 2020, p. 52). E, assim, o poema imbrica-se à vida por essa via "menor", das canções populares – "Eu sempre quis recuperar pelo tango / a lírica amorosa do amor" (Kamenszain, 2022, p. 22) –, capazes de transpassar a porta fechada de um lar desfeito, como uma pequena folha de papel, contendo um pequeno poema.

DAR NOME ÀS VACAS

Foi no show de nome "Elis Regina Carvalho Costa" (1980), que Elis Regina apossou-se definitivamente de "Atrás da porta", cravando, com copiosas lágrimas, seu nome na composição de Chico e Francis, ainda que os sobrenomes da intérprete continuem pouco conhecidos do grande público e que Elis tenha ficado famosa também pelo epíteto "Pimentinha". Já para Letícia Novaes, um reconhecimento maior veio após ela ter sido batizada por seus amigos, que, por meio de brincadeiras com significantes aleatórios, urdidos de combinações que partiam do radical "Let", ajudaram a artista a chegar ao nome-fantasia "Letrux" (Araújo, 2017). Vale dizer que seu segundo trabalho com o novo nome, lançado em meio à pandemia, foi chamado de *Letrux aos prantos* (2020).

E já que o disparador do presente fragmento refere-se ao ato de nomear, aqui, na segunda seção deste capítulo, penso que já posso incluir Adão e Eva na conversa. Alfredo Bosi, em *O ser e o tempo da poesia*, leva-nos de volta ao Gênesis, a partir da pergunta – "Quem dá nome aos seres?": "Deus formou, pois, da terra toda sorte de animais campestres e de aves do céu e os conduziu ao homem, para ver como ele os chamaria, e para que tal fosse o nome de todo animal vivo qual o homem o chamasse (Gen., 2, 19-20)" (BOSI, 1977, p. 141). Conforme os antigos hebreus, a capacidade de

---

[7] "A memória funciona como um instrumento presentista. HL e eu, neste presente não repetível, somos os sujeitos da memória urbana, que não é a memória proustiana subjetiva do vivido em singular (densa e carregada incisos, volutas e desvios), que se perde e pode ser recuperada. A memória urbana é uma experiência pública compartilhada, uma história no presente que registra os acontecimentos do Salão Literário e do fantoche de Oliverio no mesmo nível de realidade que nossos jantares com Tamara, César, Arturo e Osvaldo. Na memória íntimapública da cidade todos somos contemporâneos" (Ludmer, 2013, p. 101-102).

dar nomes às coisas significava reconhecê-las, dar a elas a sua "verdadeira natureza"; "Esse poder é o fundamento da linguagem, e, por extensão, o fundamento da poesia" (Bosi, 1977, p. 141).

No início, era o poeta – o grande doador de sentido: "Na Grécia culta e urbana as crianças ainda aprendiam a escrever frases assim: Homero não é um homem, é um deus" (Bosi, 1977, p. 141). Bosi ressalta, no entanto, que esse poder adâmico de nomear não só os seres do Jardim do Éden, mas, também, todas as experiências fundadoras, os sentimentos etc., há muito já não pertence à poesia: "A poesia já não coincide com O rito e as palavras sagradas que abriam o mundo ao homem e o homem a si mesmo" (Bosi, 1977, p. 141-142). Com a massiva divisão dos trabalhos manual e intelectual, a escalada da ciência e dos discursos ideológicos, o enorme vazio deixado pelas mitologias foi preenchido, estabelecendo-se, assim, outros nomeadores.

> Furtou-se à vontade mitopoética aquele poder originário de nomear, de com-preender a natureza e os homens, poder de suplência e de união. As almas e os objetos foram assumidos e guiados, no agir cotidiano, pelos mecanismos do interesse, da produtividade; e o seu valor foi-se medindo quase automaticamente pela posição que ocupam na hierarquia de classe ou de status. Os tempos foram ficando – como já deplorava Leopardi – egoístas e abstratos. "Sociedade de consumo" é apenas um aspecto (o mais vistoso, talvez) dessa teia crescente de domínio e ilusão que os espertos chamam "desenvolvimento" (ah! poder de nomear as coisas!) e os tolos aceitam como "preço do progresso" (Bosi, 1977, p. 142).

Considerando essa organização de mundo, conduzida por "mecanismos do interesse, da produtividade", podemos pensar na construção do gênero, já muito discutida nos estudos de Judith Butler (2020), a partir dos quais se passou a conceber essa categoria como algo constituído performativamente, ou seja, por meio de práticas compelidas por discursos – a lei, a religião, a medicina etc.

Nesse contexto, é possível inferir que a escolha do título de três das cinco seções do livro *Garotas em tempos suspensos* "Poetisas", "Garotas" e "Avós", apresenta-se como uma proposição de tensionamento dos sentidos atribuídos a esses "nomes". O segmento "Poetisa", por exemplo, coloca essa asserção de forma objetiva no primeiro poema:

Poetisa é uma palavra doce
que deixamos de lado porque nos dava vergonha
e no entanto e no entanto
agora volta em um lenço
que nossas antepassadas amarraram
na garganta de suas líricas roucas.
Se ele me telefonar diga que saí
Alfonsina pedira enquanto se suicidava
e isso nos deu medo.
Melhor poetas do que poetisas
Ficamos combinadas então
para garantirmos um lugarzinho que seja
nos cobiçados submundos do cânone.
E no entanto e no entanto
outra vez ficamos de fora:
[...]
Por isso a poetisa que todas carregamos dentro
busca sair do armário agora mesmo
para um destino novo que já estava escrito
e que à beira de sua própria história revisitada
nunca cansou de esperar por nós
(Kamenszain, 2022, p. 13).

No *Dicionário Caldas Aulete*, "poetisa" (Poetisa, 2024) designa a "mulher que escreve poesia", porém a teia de sentidos que se constituiu em torno da palavra ao longo do tempo está intrinsicamente relacionada à extensa história de exclusão das mulheres do processo de criação cultural, que resultou na sujeição da mulher à autoridade/autoria masculina (Telles, 2020).[8] "Antes a mulher era explicada pelo homem" (Telles, 2020, p. 671), relembra a personagem de *As meninas*: o texto "Mulher, mulheres", da autora do referido romance, Lygia Fagundes Telles, remonta o encadeamento histórico que condicionou a concepção de estereótipos em torno da escrita de mulheres. E a despeito da existência de nomes como Júlia Lopes de Almeida[9] e

---

[8] Os textos "Escritoras, escritas e escrituras", de Norma Telles, e "Mulher, mulheres", de Lygia Fagundes Telles, mencionam o problema do acesso tardio à educação formal e até mesmo a grade curricular diferenciada que era oferecida à mulher, com foco em prendas do lar, por exemplo. Fagundes Telles relaciona, inclusive, essa reclusão ao desenvolvimento de certa percepção distinta do mundo. Para o aprofundamento do tema da educação recomendo os artigos "Mulheres na sala de aula", de Guacira Lopes Louro, do mesmo livro *História das mulheres no Brasil*, e "Feminismo: uma história a ser contada", de Constância Lima Duarte, da coletânea *Pensamento feminista brasileiro: formação e contexto*, organizada por Heloísa Teixeira.

[9] Conforme demonstra o artigo de Norma Telles, Júlia Lopes de Almeida tinha uma escrita combativa: "Não há meio de os homens admitirem semelhantes verdades. Eles teceram a sociedade com malhas de dois tamanhos – grandes para eles, para que os seus pecados e faltas saiam e entrem sem deixar sinais; e extremamente miudinhas para nós [...] e o pitoresco é que nós mesmas nos convencemos disto!" (Almeida in Telles, 2020, p. 408).

Gilka Machado,[10] por exemplo, cujas obras não se adequavam exatamente ao que se convencionou entender por "escrita feminina", esses clichês nortearam a compreensão quando do uso do termo "poetisa" por muito tempo.

> Não esquecer que nossas primeiras poetisas encontraram naqueles diários e álbuns de capa acetinada o recurso ideal para assim registrarem suas inspirações, era naquelas páginas secretas que iam se desembrulhando em prosa e verso. Vejo assim nessas tímidas arremetidas o nascedouro da literatura feminina, na maioria, assustados testemunhos de estados d'alma, confissões e descobertas de moças num estilo intimista – o chamado estilo subjetivo com suas dúvidas e esperanças espartilhadas como elas mesmas, tentando assumir seus devaneios. Mas quando se casavam, trancavam a sete chaves esses diários porque está visto que segredo saindo da pena de mulher só podia ser bandalheira... (Telles, 2020, p. 671).

Nesse sentido, é do processo de disputa por essa "autoridade/autoria", em que as mulheres finalmente adentram, de que trata eminentemente os versos de Tamara; e é por meio da convocação da figura de Alfonsina Storni que se viabiliza essa reinvindicação. Storni foi uma poeta que teve a recepção de sua obra marcada por uma crítica – feita por homens – impregnada de chavões, como comprova o poema de número 4, da mesma seção "Poetisas":

> "Essas berrarias de comadre
> que Storni costuma nos infligir"
> escreveu Borges como quem diz
> nós, vates, não gritamos
> nós, vates, não temos vida pessoal
> não somos compadres de ninguém
> não lavamos roupa suja
> se nos apaixonamos é pelo amor
> e não pelas pessoas que escondemos
> debaixo do tapete da retórica
> para evitar um escândalo
> (Kamenszain, 2022, p. 17).

---

[10] Como enfatiza Fagundes Telles, Gilka Machado foi uma poeta que ficou conhecida pela sua ousadia de "escrever sobre o amor sexual", com seus "flamejantes poemas" (Telles, 2020, p. 671).

Dessa forma, a seção põe em suspeita o modo como esse cânone instituiu-se, colocando em xeque as tramas dessas recepções e submetendo os vates à mesma devassa da vida privada a que foram submetidas as poetisas, como se verifica nos versos posteriores do poema 4, que põe Pablo Neruda na berlinda.[11] Cabe comentar, de volta ao poema número 1, que há a menção da guinada das escritoras rumo à categoria "poeta" – "Melhor poetas do que poetisas / Ficamos combinadas então/ para garantirmos um lugarzinho que seja/ nos cobiçados submundos do cânone" –, inflexão que pode ser constatada no poema "Motivo", de Cecília Meireles: "Eu canto porque o instante existe / e a minha vida está completa. / Não sou alegre nem sou triste: / sou poeta" (Meireles, 2020).[12]

Contudo, em relação à recepção da obra de Cecília, sublinharia o comentário feito por Ana Cristina Cesar, no conhecido "Literatura e mulher: essa palavra de luxo", em que a partir da produção poética de Cecília Meireles e de Henriqueta Lisboa, a crítica faz algumas notas acerca de seus posicionamentos no cânone. Sobre a fortuna crítica de Meireles, Cesar identifica uma consequente delimitação de determinados temas e dicções que eram entendidos como mais conformes com o ideal canônico vigente, tratando-se de "poesia de mulheres".

> No Brasil, então, as escritoras mulheres se contam nos dedos e quando se pensa em poesia Cecília Meireles é o primeiro nome que ocorre. E, exatamente por ser o primeiro, ela como que define o lugar onde a mulher começa a se localizar em poesia. Cecília abre alas: alas da dicção nobre, do bem falar, do lirismo distinto, da delicada perfeição (Cesar, 2016, p. 260).

Ana C. pondera a constituição dessa crítica realizada por homens à época – "No fundo, a ideia de procurar uma poesia feminina é uma ideia de homens, a manifestação, em alguns críticos, de um complexo de superioridade masculina" (Cesar, 2016, p. 259-260), mas se dirige às

---

[11] Refiro-me ao que Tamara menciona no poema 4 sobre Neruda ficcionalizar uma situação para encobrir o fato de os poemas de *Os versos do capitão* (1952) terem sido escritos para uma amante, que aparece no livro como uma "musa muda". Ele escreve uma carta para dar veracidade à versão da história, cometendo o que Kamenszain chama de "dupla operação de vatismo extremo": "traveste-se de mulher para fazê-la calar/ ou para deixá-la falar unicamente/ quando se refere a ele" (Kamenszain, 2022, p. 18).

[12] Mencionaria, ainda, uma citação de Otto Maria Carpeaux que encontrei no texto "Em defesa do uso da palavra 'poetisa'", de Norma Rezende: "Em um artigo de 1964 ele chamara de 'burrice' o uso do feminino da palavra poeta, afirmando que os poetas não têm diferença de sexo, pois a diferença existe apenas entre os que sabem ou não sabem fazer versos. 'Cecília Meireles', observou Carpeaux, 'não é poetisa. É poeta'". Não encontrei a publicação original desse texto de Carpeaux.

mulheres, aconselhando que elas abandonem esses parâmetros – "Cecília levita, como um puro espírito…" (Cesar, 2016, p. 258); "Henriqueta insiste numa poesia metonímica, de interiorização, aprofundamento, abstração" (Cesar, 2016, p. 257) –, rumo a uma poesia que, enfim, anteponha os ditos "temas de mulher": "Apenas acho importante pensar a marca feminina que elas deixaram, sem, no entanto, jamais se colocarem como mulheres" (Cesar, 2016, p. 261). O contraponto apresentado por Cesar é Adélia Prado, que, segundo ela, "supera a feminização do universo imagético pela feminização temática" (Cesar, 2016, p. 263).

Especificamente sobre Henriqueta cabe uma nota especial: a boa recepção da crítica de seus dois livros *A face lívida* (1945) e *Flor da morte* (1949) – que tematizavam a morte de algumas maneiras, por conta de eventos circunstanciais (a Segunda Guerra, a morte do pai da poeta e de seu grande amigo Mário de Andrade) –, colaborou para que fosse fixado ao nome da poeta o epíteto de "poeta da morte".[13]

Entretanto, contrariando a análise de Ana Cristina Cesar, a partir da década de 60 apura-se um gradual distanciamento de Lisboa da poética simbolista, com o desfecho em *Pousada do ser* (1982), em que a poeta aparece bem mais próxima da materialidade que cerca os "temas de mulher" (Domeneck, 2014), como comprova o poema "Modelagem/Mulher": "Ao remover entulhos / leva espinhos na carne. / Será talvez escasso um milênio / para que de justiça / tenha vida integral. / Pois o modelo deve ser / indefectível segundo / as leis da própria modelagem" (Lisboa, 1985, p. 542).

Nesse diapasão, lembro-me de *O prazer do texto*, em especial do trecho em que Roland Barthes (1987, p. 60) menciona a questão do nome:

> A. me confia que não suportaria que sua mãe fosse desavergonhada – mas suportaria que o pai o fosse; acrescenta: é estranho, isso, não é? – Bastaria um nome para pôr fim a seu espanto: Édipo! A. está a meu ver muito perto do texto, pois este não dá os nomes – ou suspende os que existem; não diz (ou com que intenção duvidosa?) o marxismo, o brechtismo, o capitalismo, o idealismo, o Zen etc.; o Nome

---

[13] Publiquei na revista *Garrafa*, da UFRJ, o artigo "Vida e morte – modos de usar em Henriqueta Lisboa e Ana Cristina Cesar: algumas notas sobre poesia, crítica e gênero", em que comento a questão do epíteto da poeta Henriqueta Lisboa, que pode ser creditada ao crítico português Jorge Ramos. Lisboa fez questão de não aderir ao epíteto, alegando que esse tema era comum a muitos escritores por sua inegável fecundidade (Lisboa, 1979). No mesmo artigo, cito o caso da recepção da obra de Ana Cristina Cesar que, após a morte da poeta, ficou muito sugestionada pela questão do suicídio, algo que pesou, também, sobre o seu nome.

> não vem aos lábios; é fragmentado em práticas, em palavras que não são Nomes. Ao se transportar aos limites do dizer, numa *mathesis* dá linguagem que não quer ser confundida com a ciência, o texto desfaz a nomeação e é essa defecção que o aproxima da fruição.

Para Barthes, certa preocupação taxionômica estaria mais adequadamente relacionada à ciência; na literatura, o nome seria uma espécie de fetiche velado, sobre o qual se alçava o prazer do texto. Desse modo, parece-me que, ao começar o poema número 5 da seção "Poetisas", colocando a palavra "feminicídio" entre nós, bem como a palavra "muso", Tamara acena para uma reflexão realizada anteriormente em "Testemunhar sem metáfora", em que detecta a presença de uma linguagem transparente, pouco afeita à metáfora e ao simbolismo, a conduzir determinada produção poética.[14]

Guardada as diferenças de contextos entre as obras analisadas no referido artigo e o livro de Kamenszain, há uma contígua vontade de revelar o mundo,[15] que, em *Garotas em tempos suspensos*, apresenta-se na urgência de nomear (ou renomear) às coisas, esses homens, essas mulheres. E, nesse jogo, Neruda é "o adúltero"; Borges é Jorge Luís; Tamara é Tamara, e, também, Kamenszein, uma avó e uma garota; a poeta que afirma seu nome para, como Alfonsina Storni, poder se dar ao luxo de não responder.

PRÓLOGO: "COITADO DO FERNANDO PESSOA" OU "A GENTE SEMPRE ACHA QUE É FERNANDO PESSOA"

Enquanto escrevo esta seção, viraliza, mais uma vez, um corte do filme *O vento lá fora* (2014), em que Maria Bethânia e Cleonice Berardinelli conversam sobre Fernando Pessoa. No trecho viral, elas leem o poema do heterônimo Álvaro de Campos "Todas as cartas de amor são"; Cleonice fica

---

[14] Em "Testemunhar sem metáfora", Kamenszain aponta autores da poesia contemporânea – Washington Cucurto, Martín Gambarrota e Roberta Iannamico – que, para ela, incumbiram-se da tarefa política requerida por Giorgio Agamben: a profanação do improfanável. Segundo ela, esse empenho estaria relacionado a um tipo de instalação de reality shows dentro de seus poemas.

[15] O que entendo como desejo simultâneo em "Testemunhar sem metáfora" e em *Garotas em tempos suspensos* tem a ver com certa dedicação em desfazer algumas dicotomias e pensar a tradição literária a partir de outras perspectivas: "Furando o suposto efeito de show da realidade, aqui se tenta promover um encontro, precisamente onde a 'literatura' tinha exercido uma separação – fala e escrita, literatura e vida, forma e conteúdo, significante e significado etc. Dessa maneira empreende-se um trabalho profanatório que implica começar sempre do zero. Como se não houvesse tradição literária. Ou como se os dados dessa tradição passassem, sem rodeios, a ter outra função" (Kamenszain, 2019, p. 9-10).

com os trechos em que aparece a palavra "ridícula(s)" e os lê de maneira graciosa. A professora lamenta, também jocosamente, que Pessoa não tenha sabido escrever cartas de amor: "Coitado do Fernando Pessoa. [...] As deles são tristes" (Berardinelli in Debellian, 2014)[16], talvez fazendo alusão às coletâneas epistolares que circulam para delírio dos contemporâneos, esses mexeriqueiros – isso sem mencionar os sites como o "Pensador" e suas citações pirateadas.

Maria Bethânia, de forma irônica, refere-se a um poema feito para "Ofelinha" (Ofélia Queiroz), única amante conhecida de Pessoa, e canta: "Quem tem dois corações / Me faça presente de um" (Debellian, 2014). As duas julgam ser curioso, diante da monumental obra, um poema como esse: "Pra quem faz os versos que ele fez, é estranho" (Debellian, 2014). Nesse momento, penso no meme em que aparece a imagem do poeta português e o dizer "eu criei o perfil *fake* 100 anos antes da internet", em Álvaro de Campos, seu alter ego futurista, e nas cartas de amor, que experimentam pequenos ciclos de escrutínio tempo adentro, conjurando uma entrelinha de lusofonia e ternura.

"NINGUÉM ME AMA / NINGUÉM ME QUER / NINGUÉM ME CHAMA DE BAUDELAIRE"

Michel Riaudel, tradutor e pesquisador de Ana Cristina Cesar, conta que se interessou pela poeta, primeiramente, pela questão da sedução. "Eu comecei traduzindo-a, me desfazendo aos poucos de uma compreensão como mera intrusão íntima" (Riaudel, 2020, p. 181-182). Mas, paulatinamente, a tradução da língua portuguesa para a francesa foi lhe impondo dificuldades:

> Havia uma série de marcas que o francês tornava obrigatória, de gênero, sobretudo, e que em português podia deixar-se, assim, flutuando. E depois jogo de palavras: "Caio chutando pedras" em *Fogo do final*, Caio pode ser verbo, eu caio desequilibrado, ou Caio Fernando Abreu, etc. No caso, o que que você faz em francês? Caio ou *Je tombe*? Coloca uma nota e acaba com a graça? (Riaudel, 2020, p. 182, grifo do autor).

Na entrevista, em que comenta sobre determinados "venenos" que se revelam ao longo do tempo em algumas obras, relata o gosto de Ana C. por certas troças amorosas-literárias com os nomes que apareciam

---

[16] Disponível em: https://www.youtube.com/watch?v=1yKT5gkBrGs&ab_channel=JornadaMental. Acesso em: 14 ago. 2023.

em seus poemas,[17] como a abreviatura KM, que surge em *Luvas de Pelica* (1980), identificada por alguns de imediato como Katherine Mansfield, autora traduzida pela poeta. "Mas KM é também Katia Muricy" (Riaudel, 2020, p. 182) (namorada de Ana Cristina) – revela, Michel. "A Ana Cristina Cesar constrói os textos para você achar que descobriu uma referência ou uma fonte, mas por trás há uma outra eventualmente, sempre de um modo abissal" (Riaudel, 2020, p. 182). Não à toa sua fascinação pela auto-biografia de Gertrude Stein (*A autobiografia de Alice B. Toklas*, de 1933), que é uma falsa autobiografia, e por *F for fake* (1974), de Orson Welles, "tudo que chama a atenção para uma ilusão" (Riaudel, 2020, p. 182).

Em concordância com o interesse primeiro de Riaudel – a sedução – e com igual entusiasmo no jogo lascivo evocado por ele em sua tarefa de traduzir, sublinho os fragmentos "ARMA TRAMA", "AMA" e "ATA RAMA", de *El libro de Tamar*, em que o texto é estabelecido nos pares de escritores reunidos, como uma instância libidinosa, como no caso de Ted Hughes e *Birthday letters* (1998), livro escrito para os dois filhos que teve com Sylvia Plath, em que a voz enunciadora dos versos dirige-se a uma segunda pessoa feminina não nomeada. Em um dos poemas, o sujeito narra uma crítica feita aos versos daquela que seria sua companheira:

> más para alcanzarte
> que para reprocharte, más para estabelecer contacto
> a través
> a través de la ajetreada astronomia
> del balancín de los estudios superiores
> o la socialización, a un nivel más bajo, que para corregirte
> con nuestros arcaicos principios preparamos.
> un ataque, una mutilación, riéndonos
> (Kamenszain, 2020, p. 18).

Dessa maneira, Hughes pôs em funcionamento uma maquinaria crítica como uma espécie de arma de sedução, e ao se aproximar do poema como leitor/crítico, encurtou a distância entre os dois futuros amantes, trazendo-os para o mesmo espaço de enlevo. Em um caminho inverso,

---

[17] O mistério do jogo poético em Ana Cristina Cesar é alimentado no aparecimento de nomes familiares, companheiros poetas, nas dedicatórias e nos versos, o que levava os curiosos à loucura: "Este é o quarto Augusto. Avisou que vinha. Lavei os sovacos e os pezinhos. Preparei o chá. Caso ele me cheirasse..." (Cesar, 2013, p. 23); "A paixão, Reinaldo, é uma fera que hiberna precariamente" (Cesar, 2016, p. 55) – os "Augustos" eram amigos de Ana C., segundo relatos do professor Ítalo Moriconi, assim como Reinaldo (Moraes). Gil e Mary eram Heloísa Teixeira e Armando de Freitas Filho, conforme informou a professora Ana Chiara. Outra menção cifrada é "Sem você bem que sou lago, montanha" (Cesar, 2013, p. 92), que cita o nome do livro de Francisco Alvim, *Lago, montanha* (1981).

aparece o par de escritores Ricardo Piglia e Josefina Ludmer: em seus diá-rios, Piglia relata um descontentamento pelo fato de Ludmer ter feito uma crítica a um texto seu somente após a publicação, referindo-se a ela como "Iris", nome destinado à intimidade: "Con Iris, antes de dormir, extraña sensación cuando ella me critica (cuando ya no hay arreglo) 'El fin del viaje'. Lo peor es que tiene razón, todo relato se puede mejorar" (Kamenszain, 2020, p. 17). Nessa situação, a sensação estranha possivelmente tem a ver com a dissonância de expectativas relacionadas a Iris, o nome da parceira íntima, e a Josefina L., "o nome da autora": "Piglia necesitaba contar, para armar la trama del amor, más con la dama del nombre secreto que con la escritora del nombre público" (Kamenszain, 2020, p. 18).

Entre fluxos e contrafluxos do empenho do nome no fazer literá-rio-amoroso, o poema "Tamar" é o ponto medular da narrativa do livro de Tamara. Como comentei tangencialmente ao longo deste capítulo, à época da separação de Libertella e Kamenszain, nos anos 2000, o escritor foi até a casa onde moraram com seus dois filhos e deixou debaixo da porta o poema "Tamar", endereçado a "Marta Mara", com uma pequena nota: "Tamara: emerjo de un sueño con la máxima cantidad de anagramas y combinaciones de tu nombre. ¿Tanta cantidad de bolsones semânticos pueden esconder 5 letras?" (Kamenszain, 2020, p. 9). Transcrevo, aqui, o poema: "Arma trama, Ama: "¡ara mar! / Ata rama / mata rata / (mata tara). Ramat, 2/7/2000" (Kamenszain, 2020, p. 9-10).

Já se havia cessado a prática de oficina conjugal mantida por eles anos a fio, em que um "lanternava" o escrito do outro, sempre com o mesmo rigor textualista, nada afeito a arroubos biográficos ("enemigo por entonces eran para nosotros los 'temas', los 'referentes', los 'conteni-dos'" (Kamenszain, 2020, p. 17). Àquela altura, embora ainda tivesse um pé na militância neobarroca, a poeta esperava outra mensagem – "¿Quién puede esperar, en plena separación, que el otro en lugar de un prosaico 'te extraño, volvamos' intente acercarse mediante anagramas y combina-ciones de nuestro nombre?" (Kamenszain, 2020, p. 5) –, por isso a folha A4 que continha o poema permaneceu no esquecimento, sem nenhum comentário de ambas as partes. A trama do amor estava rompida.

Nesse encadeamento, *El libro de Tamar* apresenta-se como um novo defrontramento com o haiku de cinco versos, no qual Tamara realiza uma leitura afetuosa, 15 anos após a sua escrita e passado algum tempo, ainda, do falecimento do próprio Héctor. E se no caso de Hughes-Plath o dispositivo de abeiramento do poema e da poeta foi a crítica, em *El libro de Tamar* Kamenszain escolheu a narrativa – a linguagem sobre a qual Libertella tinha mais domínio –, invertendo a dinâmica no que diz respeito ao que era mais convencional na escrita do par. Nesse solo de certa instabilidade, " [...] sé poco y nada del oficio de narrar, pero veo que tampoco en verso podría yo hacer entendible" (Kamenszain, 2020, p. 10), em que eu, como leitora de outra língua, também me encontro, ramificam-se os bolsões semânticos que constituem os fragmentos da obra.

Dos anagramas escritos por Héctor, desvelados por Tamara nas seções do livro, saltam muitos rasgos de vida – sempre entremeados de texto –, o que torna difícil a tarefa de optar por algum; mas enfatizo o verso *"mata rata"* por estar impregnado de um bom volume de banalidade e por, de certa maneira, produzir uma imagem mental um tanto ridícula, embora também amorosa.

Segundo Tamara K., o verso alude a um episódio ocorrido em Nova York, no início do namoro dos dois, quando Libertella matou um rato para aplacar o seu pavor: "Hacer algo para que el otro nos quiera, se me aparece, ahora que la evoco, como una intervención valiente: había que dejar de esgrimir argumentos inteligentes que fascinaran a nuestro interlocutor literario y pasar al acto esgrimiendo una escoba" (Kamenszain, 2020, p. 14).

Parece-me fascinante pensar que a questão do nome ressurge como um código que possibilita a leitura do poema em uma clave amorosa, a começar pela citação que Tamara faz de um texto de Julia Kristeva, lido pela poeta à época da escrita de *El libro de Tamar*, sobre o nome das damas na retórica cortesã dos trovadores herméticos. E conforme sua pesquisa explicita, "ahí estaría el germen de la poesía laica de amor, ya que la metáfora poética, que antes invocaba a Dios, pasaría a guiñarle el ojo a una musa humana" (Kamenszain, 2020, p. 11).

Foi sob esse espectro, então, que um entusiasmo teórico – poemas trovadorescos escritos em um tempo desprovido do próprio conceito de sujeito – abriu caminhos para o interesse "vital" que tornou vívido o endereçamento do poema "Tamar", ainda que a simples leitura do nome "Marta Marat" fosse um trava-língua cujo resultado é "Tamara". Nesse momento da leitura, foi impossível não me lembrar do dizer de Silviano Santiago sobre "a linguagem poética [que] existe em estado de contínua travessia para o outro" (Santiago, 2019, p. 400), pensando no reestabelecimento dessa trama amorosa como a retomada de um território compartilhado entre os antigos amantes: o texto.

Na seção "RAMAT, 2 DE JULHO DE 2000", esse argumento fica evidente quando Tamara menciona um tango conhecido pelo antigo casal chamado "Tamar (Marta)", "Tamar, entonces, es Marta 'al vesre'" (Kamenszain, 2020, p. 34), mas também significa "palmeira", em hebraico, a língua do pai da poeta, com quem Héctor tinha uma relação de afeto. E, para ela, esses elementos funcionam como uma espécie de assinatura: "porque si uno talla en un árbol una fecha, el nombre de una persona o el de un lugar [...] es obvio que está queriendo hacer público un asunto privado" (Kamenszain, 2020, p. 34).

Sendo assim, ao modo de Paul Celan, que lançou mão, em seus poemas, da palavra *shibboleth* – senha que denunciava o povo efraimita quando da tentativa de travessia do Rio Jordão no Velho Testamento –, o fragmento revela-se, de maneira inversa, como a chegada a uma terra destinada. Com a superação de algumas cifras, o poema, que começa e termina com as palavras hebraicas "Tamar" e "Ramat" (um bairro de Tel Aviv), funciona como a recuperação de uma ilha de sentido comum. São termos que fazem as vezes de um *"shibboleth* íntimo" (Kamenszain, 2020, p. 36), possibilitando a volta ao antigo gueto (amoroso ou literário).

Dentro desse entendimento, dirijo-me novamente ao texto "Singular e anônimo" – cujo disparador é o endereçamento ao leitor feito por Charles Baudelaire em *Flores do mal*, "meu semelhante", "meu irmão" –, em que Silviano Santiago trata de alguns aspectos da poesia de Ana Cristina Cesar, poeta, também cercada por uma profusão de nomes.[18]

O crítico destaca, em certa altura, o trecho final do poema-carta *Correspondência completa* (1979), de Cesar, em que a voz enunciadora Júlia refere-se a Gil e a Mary, dois interlocutores com os quais discute sua produção poética. Sobre Gil, Júlia afirma: "Fica difícil fazer literatura tendo Gil como leitor. Ele lê para desvendar mistérios e faz perguntas capciosas, pensando que cada verso oculta sintomas, segredos biográficos" (Cesar, 2013, p. 50); e acerca de Mary assevera: "Já Mary me lê toda como literatura pura, e não entende as referências diretas" (Cesar, 2013, p. 50). Diante desse impasse, Santiago (2019, p. 405) adverte que o terreno sobre o qual se edifica o poema de Ana C. é o da

---

[18] Em *Ana C.: tramas da consagração* (2008), Luciana di Leone demonstra que a assinatura para a poeta foi uma construção movediça: "Tina", nos textos da infância; "Ana Cristina Cesar", a mais recorrente nos poemas dos cadernos; "Ana Cristina Cruz Cesar"; "Ana Cristina"; "ACCC"; "A. C. Cesar"; "ana cristina c.", em *Luvas de pelica*; "Júlia", o remetente da *Correspondência completa*; "Ana"; e até mesmo um "eu".

> [...] cumplicidade inimiga, das relações ambivalentes na
> ternura: nem Gil nem Mary, os dois, em posições diame-
> tralmente opostas e complementares. Cada um tem razão
> não a tendo inteiramente. O equívoco deles é pensar que a
> razão própria (de cada um) é global, globalizante, totalitária.
> O poema sempre escapa aos olhos assassinos de leitores
> asfixiantes, escapa com uma pirueta pelo avesso.

Na minha compreensão, a leitura de *El libro de Tamar* acompanha-nos rumo a esse mesmo terreno "da cumplicidade inimiga, das relações ambivalentes na ternura" de que fala Silviano, de maneira que o poema não poderia ser percorrido por um leitor "Gil" – com quem talvez Tamara se identificasse no momento que recebera a folha A4 –, no rastro apenas das referências literais; tampouco os versos abrir-se-iam para uma "Mary", em sua concepção de literatura que funciona "à margem do comunicável" (Kamenszain, 2020, p. 13).

Por isso, como a autora traduzida divide a abreviatura do nome da amada (KM), no caso de Ana Cristina Cesar os versos que encerram *El libro de Tamar* constituem-se como um movimento, que se divide entre "livro" e "vida"; encontram-se no mesmo aceno a arte e o amor, como fabulações possíveis de que os vivos se utilizam contra toda a imensidão do fim:

> Con todo listo y archivado
> voy a repetir con Mark Strand
> algo que él dice en The Story of Our Lives
> y que si se tratara de una película,
> yo lo resumiría con la palabra FIN:
> Escribo que quiero ir más allá del libro
> me imagino moviéndome
> hacia otra vida, otro libro (Kamenszain, 2020, p. 57).

REFERÊNCIAS

ARAÚJO, 2017. *Confissões na pista de dança*. Wordpress, ago, 2017. Disponível em: https://confissoesnapistadedanca.wordpress.com/2017/08/31/entrevista-uma-noite-curiosa/. Acesso em: 23 ago. 2023.

BARTHES, Roland. *O prazer do texto*. Tradução de Jacob Guinsburg. São Paulo: Perspectiva, 1987.

BORÉM, Fauto; TAGLIANETTI, Ana Paula. *Texto-música-imagem de Elis Regina*: uma análise de Ladeira da Preguiça, de Gilberto Gil e Atrás da porta, de Chico

Buarque e Francis Hime. Disponível em: https://www.scielo.br/j/pm/a/CTG3H-8ZwRG6N4RxJdPMPQFJ/#. Acesso em: 23 ago. 2023.

BRAGANTI, Arthur; NOVAES, Letícia. Ninguém perguntou por você. *In*: NOVAES, Letícia. *Letrux em noite de climão*. São Paulo: Joia Moderna, 2017. Disponível em: https://immub.org/album/letrux-em-noite-de-climao. Acesso em: 23 ago. 2023.

BOSI, Alfredo. *O ser e o tempo da poesia*. São Paulo: Cultrix, 1977.

BUTLER, Judith. *Problemas de gênero*: feminismo e subversão da identidade. Tradução de Renato Aguiar. Rio de Janeiro: Civilização Brasileira, 2020.

CALLE, Sophie. *Histórias reais*. Tradução de Hortência Santos Lencastro. Rio de Janeiro: Agir, 2009.

CALLE, Sophie. *Le mari*. 1995. Centre Pompidou Málaga, 2024. Disponível em: https://centrepompidou-malaga.eu/wpcontent/uploads/folletos/Sophie_Calle_EN.pdf. Acesso em: 14 ago. 2023.

CALLE, Sophie. *Prenez soin de vous*. 2008. Perrotin, 2024. Disponível em: https://www.perrotin.com/artists/Sophie_Calle/1/take-care-of-yourself-complete--set/12963. Acesso em: 14 ago. 2023.

CALLE, Sophie. *No sex last night double blind/No sex last night* (1996). YouTube, 5 nov., 2020. Disponível em: https://www.youtube.com/watch?v=l7BhrpZjQ-Ck&ab_channel=PRISMA. Acesso em: 14 ago. 2023.

CASTILO, Cátullo; DISCÉPOLO, Enrique Santos. *Mensaje*. Tango Poetry Project. Disponível em: https://www.tangopoetryproject.com/translations/mensaje. Acesso em: 10 ago. 2023.

CESAR, Ana Cristina. *Crítica e tradução*. São Paulo: Companhia das Letras, 2016.

CESAR, Ana Cristina. *Poética*. São Paulo: Companhia das Letras, 2013.

DEBELLIAN, Márcio. Todas as cartas de amor são ridículas. *O vento lá fora*, 2014. YouTube, 27 abr., 2021. Disponível em: https://www.youtube.com/watch?v=1yK-T5gkBrGs&ab_channel=JornadaMental. Acesso em: 14 ago. 2023.

DOMENECK, Ricardo. Henriqueta Lisboa (1901-1985). Sintonia da nossa sincronia. *Revista Modo de Usar & Co.* 2014. Disponível: http://revistamododeusar.blogspot.com/2014/04/henriqueta-lisboa-1901-1985.html. Acesso em: 23 ago. 2023.

FERREIRA, Mauro. *Climas noturnos jogam álbum solo de Letrux na pista da ressaca amorosa*. G1, 10 jul. 2017. Disponível em: https://g1.globo.com/musica/blog/mauro-ferreira/post/climas-noturnos-de-ressaca-amorosa-jogam-album-solo-de-letrux-na-pista.html. Acesso em: 23 ago. 2023.

KAMENSZAIN, Tamara. Testemunhar sem metáfora. *In*: KAMENSZAIN, Tamara. *Os que escrevem com pouco*. Tradução de Luciana de Leone. Rio de Janeiro: Zazie Edições, 2019.

KAMENSZAIN, Tamara. *El libro de Tamar*. Buenos Aires: Eterna Cadencia, 2020.

KAMENSZAIN, Tamara. *Garotas em tempos suspensos*. Tradução de Paloma Vidal. São Paulo: Círculo de Poemas, 2022.

LEONE, Luciana di. *Ana C.*: tramas da consagração. Rio de Janeiro: 7Letras, 2008.

LISBOA, Henriqueta. *Obras completas* – Poesia Geral I. São Paulo: Livraria Duas Cidades, 1985.

LUDMER, Josefina. *Aqui América Latina*: uma especulação. Tradução de Rômulo Monte Alto. Belo Horizonte: Editora da Universidade Federal de Minas Gerais, 2013.

MEIRELES, Cecília. *Motivo*. Moodle USP. [2020?]. Disponível em: https://edisciplinas.usp.br/pluginfile.php/7687429/mod_resource/content/1/Cec%C3%ADlia%20Meireles.%20Motivo.pdf. Acesso em: 23 ago. 2023.

MOLINA, Enrique. *Alta marea*. Dirección de Literatura Unam. Cultura Unam. Material de Lectura. [19--]. Disponível em: http://www.materialdelectura.unam.mx/index.php/poesia-moderna/16-poesia-moderna-cat/141-063-enrique-molina?start=8. Acesso em: 26 ago. 2023.

MOTTA, Nelson. *Noites tropicais*: solos, improvisos e memórias musicais. Rio de Janeiro: Objetiva, 2001.

NOVAES, Letícia. *Texto resposta a Mauro Ferreira*. Facebook, 25 ago. 2017. Disponível em: https://www.facebook.com/letruxleticia/posts/pfbid0cJftZxNEMrG69ECi3KRpqWXX9Jc9T6jfTf6HAeJx9JJVxdqqSkqRDqM4uTo8aAUHl. Acesso em: 10 ago. 2023.

NOVAES, Letícia; VIVAS, Thiago. Amoruim. *In*: NOVAES, Letícia. *Letrux em noite de climão*. São Paulo: Joia Moderna, 2017. Disponível em: https://immub.org/album/letrux-em-noite-de-climao. Acesso em: 23 ago. 2023.

OLIVEIRA, Roberto de. *Palavra-chave*, Rio de Janeiro, 2006. Disponível em: https://www.youtube.com/watch?v=gNybLlGpti0&ab_channel=RWR. Acesso em: 10 ago. 2023.

POETISA. Dicionário Caldas Aulete. @ulete digital. Rio de Janeiro: Lexikon, 2024. Disponível em: https://www.aulete.com.br/poetisa. Acesso em: 11 ago. 2023.

REGINA, Elis. Atrás da porta. *In*: BUARQUE, Chico; HIME, Francis. *Elis*. Rio de Janeiro: Philips, 1972.

REGINA, Elis. *Elis Regina*: especial grandes nomes. DVD Completo (1980). YouTube, 09 set., 2021. . Disponível em: https://www.youtube.com/watch?v=GrOptClZKik&ab_channel=ArquivoElisRegina. Acesso em: 8 ago. 2023.

RIAUDEL, Michel. Entrevista: Michel Riaudel sobre Ana Cristina Cesar. *Revista Literatura e Sociedade*, USP, São Paulo, v. 25, n. 32, dez., 2020. Disponível em: https://www.revistas.usp.br/ls/article/view/177073. Acesso em: 23 ago. 2023.

SANTIAGO, Silviano. *35 ensaios de Silviano Santiago*. Seleção e introdução Ítalo Moriconi. 1. ed. São Paulo: Companhia das Letras, 2019.

SEVER, Cátia. Qualquer coisa de intermédio – lugares de transgressão em "Eu-próprio o outro" de Mário de Sá-Carneiro. *Revista Aletria*, Belo Horizonte, v. 28, n. 1, p. 29-43, 2018.

TELLES, Lygia Fagundes. Mulher, mulheres. *In*: PRIORI, Mary Del (org.). *História das mulheres no Brasil*. São Paulo: Contexto, 2020.

TELLES, Norma. Escritoras, escritas, escrituras. *In*: PRIORI, Mary Del (org.). *História das mulheres no Brasil*. São Paulo: Contexto, 2020.

A VOZ HOMÉRICA DE MARIA BETHÂNIA EM *A CENA MUDA*

> *Davi Santos*
> *E na papoila encarnada*
> *A tua boca sensual*
> *Cantar como um madrigal*
> *O ritmo de uma balada.*
> *(Antônio Amargo, 1926)*[1]

No ano de 1974, Maria Bethânia lança um espetáculo com assinatura de seu grande parceiro artístico, Fauzi Arap, intitulado *A cena muda*. Nesse show, a intérprete, segundo um artigo publicado no jornal *O Globo* em 16 de junho de 1974, queria um show mais despojado e simples, saindo do ritmo de dois ou mais figurinos em que a cantora seguia fazendo em suas apresentações, usando apenas um figurino feito especialmente para a temporada.

Fauzi Arap traz consigo seu amigo Flávio Império, designado para criar os cenários do espetáculo sob supervisão de Fauzi e Bethânia. Para a construção desse projeto, Flávio inspirou-se diretamente em dois pontos: o primeiro foi o nome do espetáculo e o segundo foi o ano de 1974, ano considerado *estranho* por todos os envolvidos no projeto. "1974 era um ano *estranho* porque, naquele período, completavam-se dez anos do golpe cívico-militar e um novo presidente entrava em cena. Era o general Ernesto Geisel, eleito imediatamente assim como o anterior, Emilio Garrastazu Médici" (Schott, 2020, p. 219).

No período da posse do então presidente, Geisel faz uma declaração em que afirma que seu governo seria um período de distensão, quando haveria uma abertura lenta e gradual no cotidiano dos brasileiros. Porém, como a história mostrou-nos, não houve essa "abertura" e, sim, um aumento na censura e perseguição política.

Por tratar-se de um ano temerário que, em tese, caracterizaria mudanças, Fauzi faz com que os elementos extravocálicos, como cenário, palco e figurino, virassem um complemento à voz de Bethânia. A linha narrativa seria conduzida principalmente pela voz. Instrumentos, cenário e figurino seriam apenas um simples complemento teatral.

---

[1] Estrofe retirada do poema "A tua boca", publicado no jornal *Pátria Portuguesa*, em junho de 1926. Jornal de circulação brasileira com antiga sede no Rio de Janeiro.

Tal ato era uma forma de protesto ao que acontecia no Brasil naquele momento e esse posicionamento foi reforçado por sugestão do diretor do espetáculo. Os textos, que, de hábito, Bethânia recitava em seus shows, foram retirados da apresentação com a autorização da intérprete, posto que nada passava sem sua aprovação. "Isto significa que a cena é silenciosa?", indagou o jornal *O Globo* em 2 de julho de 1974. Fauzi respondeu que se tratava das duas coisas: tanto a falta de textos (o silêncio) quanto a capacidade de improvisos de Bethânia no palco (a transformação, enfim) (Schott, 2020, p. 220).

A linha narrativa criada por Fauzi com auxílio de Bethânia tinha como foco puramente as canções. As batidas marcadas pela respiração da cantora, utilizadas para declamação de textos, seriam agora utilizadas para marcar o fio condutor do espetáculo com duração de duas horas, ou seja, a "capacidade de improviso" de Bethânia não seria algo do acaso, mas algo extremamente ensaiado e calculado com propósitos.

O primeiro deles era guiar os instrumentais do show. Para isso, ela e Fauzi trabalharam um alinhamento vocálico e instrumental com o grupo Terra Trio, que já acompanhava a cantora há muitos anos. O outro propósito seria retirar uma característica, que até então era considerada como canônica[2] nas apresentações de Bethânia: ler textos emendados às canções na frente do público. Fauzi, em uma atitude radical (com o intuito de tirar todos da zona de conforto), retira os papéis, deixando novamente as canções.

O último propósito era mesclar todos os elementos descritos, juntamente ao cenário de Flávio, ao título do espetáculo, considerado por Fauzi como "sombrio", fazendo uma alusão direta ao período de 10 anos do golpe militar. Ele utilizou esse termo em uma de suas entrevistas publicadas no jornal *O Globo*, colocando em evidência, de forma implícita, sua visão sobre o período, atiçando a curiosidade do público de Bethânia.

A DECLAMAÇÃO MUDA

Apesar de não ter textos explícitos, Fauzi traz para o repertório de Bethânia canções que faziam alusões diretas ou indiretas a textos literários. Para que tal fato se concretizasse, o diretor apresenta compositores com os quais a cantora ainda não tinha trabalhado.

---

[2] Era considerada "canônica" por tratar-se de um hábito que estava presente em quase todas as apresentações da cantora. Tal costume era muito apreciado pelo público, porém muito criticado pelos críticos da época.

> Como de costume, o roteiro de *A Cena Muda* tinha algo para apoquentar: Fauzi costurou um (vá lá) texto, através das canções, [...]. Pôs, pela primeira vez, a revelação Gonzaguinha no repertório de Bethânia, com a existência na margem e o "mar de veneno" da vida de artista de "Gás Neon", e o protesto de "Galope" e "Desesperadamente" (Schott, 2020, p. 222).

Fauzi também coloca canções da Broadway, Chico Buarque, Jorge Ben, Paulinho da Viola e outros compositores, que sempre estiveram no repertório da intérprete. Além deles, Bethânia exige que haja no roteiro canções consagradas das grandes cantoras de rádio para que, além de uma homenagem nos palcos, houvesse uma dedicatória no disco físico para elas.

Destaca-se a participação da compositora e cantora Sueli Costa nesse projeto, que já havia cedido canções para Bethânia no ano de 1971 no espetáculo *Rosa dos Ventos*, sendo esse um grande marco na carreira das duas e no cenário musical brasileiro.

Nas 16 faixas do disco *A cena muda*, seis eram de autoria de Sueli Costa. Assim como a intérprete do espetáculo, Sueli Costa também tinha apreço pela poesia, *Pessoana*.[3] Sueli utilizou-se de uma das características comum a todos os heterônimos de Fernando Pessoa, e do próprio, para compor suas músicas, tal característica é o silêncio.

> Em tal "estética", Pessoa afirma o silêncio como um lugar onde as palavras se originam e para onde elas se destinam, formando um estado intervalar do sentido. É no intervalo do ser das palavras que a tessitura do discurso desse autor se dá nesse "diário" lisboeta, revelando-se em seu avesso, linguagem nua e pura (Cintra, 2005, p. 9).

Como observado nesse trecho, o silêncio faz parte da obra de Pessoa como uma estética, que influenciou de forma veemente o espetáculo em questão, pois ao focar nas canções, Fauzi demonstra uma face de Bethânia que é o silêncio através da voz, ou seja, dentro das ausências das declamações, tornando-as mudas, temos um significado que é conduzido pelo instrumento mais valioso do show: a voz de Bethânia.

A escolha de colocar Sueli Costa também não foi por acaso, uma vez que o diálogo "mudo" entre canção e poesia estava presente nas letras, sendo marcadas pela voz, mostrando que a mensagem, naquele contexto

---

[3] Poesias de Fernando Pessoa e seus respectivos heterônimos.

histórico-social do Brasil, não necessitava de mais barulho, mas de um silêncio marcado pela música e pela voz. E o silêncio é também matéria de trabalho para Bethânia.

> Zé Maria se recorda que o público entendeu perfeitamente o recado de Fauzi e Bethânia. Já os censores... "Eles não entendiam nada [...] O *texto* era a junção de uma música com a outra. Qualquer coisa que você falasse virava protesto. Não tinha como dar errado" (Schott, 2020, p. 222).

E o público entendeu muito bem o que estava sendo dito, a declamação naquele período de barulho não tinha vez, e nesse momento é que surge o silêncio. Esse substantivo, que parece a olhos nus algo tão simplório, é para Bethânia um momento de suma importância para toda gente, principalmente para aqueles que buscam viver em poesia.

Em uma entrevista da cantora concedida para o jornal *Estadão* em 2014, ela disse: "A força silenciosa, força de um poeta é essa... é contra a maré, o poeta vê o que ninguém vê". Esse ato de ir "contra a maré" foi o ato que permeou toda a idealização do show e do disco. A idealização seria de despertar na ausência de uma poesia textual explícita uma movimentação que estava indo contra a maré, que se colocava contra o que estava acontecendo naquele momento perigoso.

Outra declaração importante de Bethânia foi sobre o papel da música na sociedade. Em entrevista concedida ao canal do cantor Zeca Pagodinho no YouTube no ano de 2018, ao ser indagada sobre a música, ela responde: "Ainda pode vir a salvar o Brasil [...] a boa música". Atando essa declaração com a anterior, entendemos que para Bethânia, a música e a poesia (o silêncio) é algo que ultrapassa a barreira dos dizeres. É algo que, organizado da maneira adequada e rigorosa, pode passar sua mensagem. O espetáculo em questão colocou em evidência uma característica da intérprete que era necessária ser exposta naquele momento, pois só assim a mensagem chegaria ao destinatário certo, fazendo com que as músicas caracterizassem-se também como discurso político.

> Esse texto-que-não-era-texto provocava reações como a do fã que achou Fauzi no camarim, em uma das apresentações, e surpreendeu o diretor com o elogio: "Fauzi, dessa vez você não fez um show, fez um discurso!" Era exatamente isso, ainda que Maria Bethânia apenas cantasse e as poesias aparecessem musicadas dessa vez (Schott, 2020, p. 222).

A declaração desse fã enigmático ao diretor do espetáculo reforça e atesta a tese defendida no tópico do presente texto: a declamação muda. Apesar de ter esse título, ficou claro que a escolha de repertório e compositores foi um fator de suma importância para o funcionamento do show, apesar do "improviso" como fator de performance da cantora, a escolha meticulosa das músicas, juntamente aos exaustivos ensaios, fez com que a mensagem primordial do show fosse explicitada.

Apesar do ofício de um cantor exigir som, esse show fez um movimento contrário, e mesmo não havendo pausas e a voz declamada de Bethânia entre cada canção, havia ali uma crítica clara. A voz sendo o pilar desse espetáculo, marcando o tempo dos instrumentos e da respiração, também influenciou outra forma de declamação muda, e a voz atada à música, o figurino simples e a maquiagem bem-marcada, transformaram Bethânia em uma mistura do simples com o exagero, do anonimato com o estrelato, do auge com a decadência de um artista, mostrando ao público um posicionamento de um indivíduo para além do artista, para além do personagem.

Essa percepção é evidenciada em outra entrevista concedida pela cantora para o *Mosaico Baiano*, na série *Todo canto é santo*, publicada no ano de 2019, em que sua afilhada Belô Veloso mostra para Bethânia sua música preferida do disco *A cena muda*, chamada *Lili (Hi Lili, Hi Lo)*. Após mostrar para a cantora, Belô Veloso afirma que achava a transformação da intérprete "esquisita". Em tom de descontração, Bethânia comenta: "Chico que dizia pra mim... Toda noite, fazíamos shows juntos... Entrava me dava um beijo, subia pro camarim dele e dizia assim – é você que tá ai ou já é a outra?".

Essa transformação de *persona* protagonizada por Maria Bethânia revela que com suas atitudes, em especial no palco, a cantora marca seu posicionamento. No documentário *Maria – Ninguém sabe quem sou eu*, lançado em 2022, com direção de Carlos Jardim, a intérprete afirma: "Não sou de falar sobre política no meu dia a dia. Se quiserem saber do que eu penso... vão assistir meu show". Nesse momento, a cantora reforça, de forma indireta, o que ela, junto a Fauzi, fizera no espetáculo e disco *A cena muda*. O posicionamento de Bethânia vem pela música, sendo conduzido por um fio *divino*,[4] que é a sua voz.

---

[4]   Utilizamos esse termo, pois no documentário citado anteriormente, a cantora revela que sua voz é um aspecto divino em sua vida, ou seja, ela carrega consigo a concepção de que sua voz foi um presente de Deus para que ela possa cantar e transmitir o que for necessário para o público.

A VOZ HOMÉRICA: O TEATRO NA VOZ DE BETHÂNIA

Analisar a voz de Bethânia, em especial nesse disco, é um exercício de interconexões, em que dentro do objeto abstrato une-se uma poesia ruidosa com o silêncio, ecoado por meio de sua respiração e performance. A voz (que até então era um objeto abstrato) torna-se um objeto palpável capaz de conduzir o ouvinte aos sertões de Bethânia (que, por sua vez, é um aglomerado de vivências e posicionamentos políticos).

Nesse show temos a voz de Bethânia como um fenômeno da natureza fortemente presente no público. Há uma espécie de catarse que se origina da junção do enigmático com o mítico, o dito e o não dito, o explícito e o não explícito. A razão e a coerência desse espetáculo passam por uma série de momentos, em sua maioria registrados em tons altos, guiando todos os passos que foram seguidos durante o acontecimento.

Com essa perspectiva exposta, temos uma conexão desse ato com as obras de Homero, uma vez que elas foram produzidas para serem declamadas em praças públicas, de forma simples, porém com um alicerce dramático e teatral. "A economia de palavras de Homero é característica. O relato basta: ele não se dá ao trabalho de fazer um comentário intrusivo e comovente para despertar a nossa compaixão" (Jones, 2021. p. 38).

Assim como relatado pelo pesquisador Peter Jones a respeito da obra de Homero, a voz de Bethânia torna-se única – ou seja, basta-se –, sendo ela a norteadora de tudo, desde a escolha do repertório até a montagem do palco. As músicas na voz da intérprete ganham vida própria, criando-se um cenário em que as letras tornam-se as personagens, os ritmos e instrumentos transmutam-se no enredo e o palco permanece o cenário, contudo um cenário volátil, que muda a cada música que se apresenta.

Mesmo que um show pressuponha distração artística, um momento de alívio da então situação que vivia o país, ali estava a mensagem de resistência a tudo que estava ocorrendo e que ainda estava por vir. Essa situação casa-se com o que fora escrito por Gilberto Gil e Caetano Veloso cinco anos antes da realização desse show, que apesar das pessoas terem que prestar atenção ao seu redor e lutar contra o regime vigente na época, tudo é *Divino Maravilhoso*, sendo o *divino* a voz e o *maravilhoso* o poder e a capacidade de penetração que ela tem em uma sociedade.

Outro aspecto em que esse disco/espetáculo assemelha-se à obra de Homero é o papel central narrativo em torno de uma mulher. No caso da *Ilíada* temos Helena de Troia, que, de acordo com o professor e pesquisador Junito Brandão, é o fio condutor de todos os eventos que ocorrem, sendo ela imprescindível para o desenrolar da trama e da continuação da narrativa. De maneira semelhante, nesse show Maria Bethânia marcou uma narrativa dramática e teatral que perpassa gerações, com o pilar da economia de palavras, a falta de textos e discursos políticos explícitos, fazendo com que ainda se cante tais canções e que sua voz ecoe pelo tempo. Há uma passagem na *Ilíada* que endossa essa tese: "Para que no futuro / sejamos tema de canto para homens ainda por nascer" (Canto VI, versos 357-358).

Apesar de Fauzi e Bethânia, em teoria, não quererem um "ar teatral", o tema que aqui se configura mostra justamente o contrário. Há um grande teor de teatralidade, porém uma teatralidade poética, assim como na obra de Homero. A poesia, aos aspectos citados no parágrafo anterior, faz com que ela torne-se indissolúvel da voz e da história a ser contada. "A paz na Ilíada é uma reminiscência do passado, um recordar de tempos idos, em que o ritmo do cotidiano era feito de ínfimos pormenores de grande beleza" (Jones, 2021, p. 85).

Foi aqui mencionado que Maria Bethânia exigiu a inserção de canções das antigas cantoras de rádio e dedicou o disco a elas. Esse ato de rememorar tempos idos, gravando novamente músicas já consagradas nas vozes de outras cantoras, mostra de forma veemente o teor poético-teatral presente na obra. O movimento de olhar para trás durante uma situação temerária rompe com o saudosismo e com a corrente de tempo, ou seja, o passado, o presente e o futuro não se diluem, eles se unem para que haja uma complementação de algo faltante em algum desses tempos, e no caso do tempo em que Bethânia cantava nesse show, faltava uma Música Popular Brasileira como sinônimo de resistência e acalento.

A VOZ ECOANDO NA TEORIA

Muito foi citado neste capítulo quanto a questão da voz e o papel primordial que ela assume. Contudo, para que a questão poética-teatral apontada no tópico anterior aqui se resvale, é importante a compreensão de como o percurso da voz de Bethânia chegou ao ponto de conectar-se com estudos a respeito da voz e da performance.

Além da mensagem política, da poesia e da teatralidade, a voz da cantora tem um aspecto que extrapola todas essas características, seu aparelho fonador ultrapassa a barreira da invisibilidade e do abstrato, e a partir dele materializa-se uma canção, uma mensagem, uma poesia e quaisquer outras formas de expressão.

> De qualquer forma, o centro do problema deslocava-se para fora da música e da poesia, embora ambas participassem das etapas de criação. Passei a enxergar a canção como produto de uma dicção. E mais que pela fala explícita, passei a me interessar pela fala camuflada em tensões melódicas (Tatit, 2002, p. 12).

Como apontou o professor e pesquisador Luiz Tatit, a voz (ou a dicção) passa a assumir um papel primordial nas mensagens cifradas em linhas e tensões melódicas. Tal ideia está presente na concepção do disco e espetáculo *A Cena Muda*, quando Fauzi e Bethânia montam o show. A voz ecoa na teoria, ou seja, tal feito foi fundamental para que os estudos referentes ao papel do aparelho fonador em uma música fossem pesquisados.

> De posse de todas as competências técnicas e sensíveis, o intérprete realiza a canção. O gesto interpretativo é a ação que materializa a compreensão do cantor ante os conteúdos da composição. Desta forma, ele torna claro os elos de melodia e letra inscritos na composição, ou mesmo define novos elos que só se consolidam pela presença da voz (Machado, 2012, p. 52).

Como exposto anteriormente, houve ensaios exaustivos para a realização do show, o que foi chamado de "improviso" por Fauzi e Bethânia, e mediante uma perspectiva teórica, metamorfoseia-se na junção de técnicas, sensibilidade e poesia, que leva o show a um nível de teatro em que a voz assume diversos papéis e a função de direcioná-los a um objetivo.

Nesse disco, o gesto de cantar para Bethânia não se resume somente a mais uma apresentação. O gesto de cantar revela uma natureza (já explorada anteriormente no espetáculo *Rosa dos ventos*, em que os quatro elementos são representados) mesclada. Isso significa que os elementos apontados no show anterior unem-se por meio da técnica, do aprendizado e da sensibilidade poética.

Há de se perceber tal junção ouvindo as músicas *Taturano(sic)* e *Galope*. Nessas canções temos uma voz mais árida, mais voltada ao elemento da terra, sendo uma canção seguida da outra. Há, então, uma técnica de ligação entre as melodias pautada na voz terrena, remetendo ao sertão brasileiro. Nas faixas subsequentes temos *Quem há de dizer* e *Demoníaca*, em que, mudando-se de melodia, tem-se a presença do elemento água, representado pela variação vocal realizada, começando leve, em tom baixo, depois subindo o tom; o processo se repete, assemelhando-se esse movimento ao do mar, uma hora calmo, uma hora revolto. Todo esse procedimento dá-se pela técnica.

O processo que Bethânia e Fauzi realizam nesse disco é justamente retomar os elementos do show anterior e colocá-los em diálogo um com o outro, para que, assim, haja uma complementação de signos gerando significados. Com essa conexão dos elementos temos também a "dança vocal", ou seja, a voz dita o compasso do ritmo, levando a uma dança em dupla. Nesses momentos, o show deixa de ser apenas mais uma apresentação e vira uma peça de teatro, dando um novo sopro de vida às canções.

> Canção alguma é uma ilha voltada para dentro de si. Nem seria possível submetê-la a uma blindagem que a mantivesse a salvo de qualquer tentativa de reapropriação de seus sentidos. Por mais cristalizadas que sejam as leituras que se façam dessa ou daquela canção, sempre subsiste a possibilidade de reanimá-la com novos sopros de vida (Paranhos, 2004, p. 26).

A canção deixa de ser algo que reflete a si mesma para refletir um conjunto orquestrado pela voz, fazendo com que ganhe novos mares, descubra novos horizontes. Com a performance da intérprete pode-se notar essa mudança de perspectiva; a música não é simplesmente uma música, mas uma forma livre de apropriação que baila com os instrumentos, o cenário, o figurino e o público.

O aspecto de mudança dessa voz que ecoa na teoria é um processo de caracterização dela em algo plural, que dá margem para mudanças, sejam elas pequenas ou grandes. No caso de Bethânia, a mudança da forma de se realizar esse espetáculo não foi apenas estilística, mas, sim, vocal. Essa transmutação tem dentro de si uma poesia capaz de ser percebida pelos corações sensíveis e insensíveis. Prova disso é que a ditadura militar não censurou nenhuma música. Olhos atentos e desatentos foram capazes de contemplar a natureza da poesia em um espetáculo no qual ela não é vista de forma explícita, porém há como base desse espetáculo a seguinte poesia:

Nem sempre sou igual no que digo e escrevo.
Mudo, mas não mudo muito.
A cor das flores não é a mesma ao sol
Do que quando uma nuvem passa
Ou quando entra a noite
E as flores são cor da sombra.

Mas quem olha bem vê que são as mesmas flores.
Por isso, quando pareço não concordar comigo,
Reparem bem em mim:
Se estava virado para a direita,
Voltei-me agora para a esquerda,
Mas sou sempre eu, firme sobre os mesmos pés –
O mesmo sempre, graças ao céu e à terra
E aos meus olhos e ouvidos atentos
E à minha clara simplicidade de alma...
(Alberto Caeiro).

Esse disco, se é que é possível resumir ou chegar a uma conclusão, mostra-nos que a verdadeira poesia está na mudança.

REFERÊNCIAS

BELO VELLOSO. *Todo canto é santo*. Entrevista com Maria Bethânia. YouTube, 17 de julho de 2019. Disponível em: https://www.youtube.com/watch?v=yU76_aCIoRw. Acesso em: 6 set. 2024.

CINTRA, Elaine Cristina. *A estética do silêncio no Livro do Desassossego*: um estudo da escritura em Fernando Pessoa. 2005. 174f. Tese (Doutorado em Teoria da Literatura) – Universidade Estadual Paulista, Instituto de Biociências, Letras e Ciências Exatas, 2005.

ESTADO DE SÃO PAULO. *Cleonice Berardinelli e Maria Bethânia leem Fernando Pessoa em DVD*. YouTube, 2 de dezembro de 2014. Disponível em: https://www.youtube.com/watch?v=KaIWuWHQw0I. Acesso em: 6 set. 2024.

PARANHOS, A. *A música popular e a dança dos sentidos*: distintas faces do mesmo. Art-Cultura, [S. l.], v. 6, n. 9, 2006. Disponível em: https://seer.ufu.br/index.php/artcultura/article/view/1367. Acesso em: 5 jun. 2024.

MACHADO, Regina. *Da intenção ao gesto interpretativo*: análise semiótica do canto popular brasileiro. 2012. Tese (Doutorado em Semiótica e Lingüística Geral) – Faculdade de Filosofia, Letras e Ciências Humanas, Universidade de São Paulo,

São Paulo, 2012. Disponível em: https://teses.usp.br/teses/disponiveis/8/8139/tde-02082012-132557/pt-br.php. Acesso em: 6 set. 2024.

MARIA – *Ninguém sabe quem sou eu*. Direção de Carlos Jardim. Rio de Janeiro: Globo Filmes, 2022. 1 DVD.

TATIT, Luiz. *O cancionista*: composição de canções no Brasil. 2. ed. São Paulo: Editora da Universidade de São Paulo, 2002.

HOMERO. *Ilíada*. 14. ed. São Paulo: Penguin, 2018.

SCHOTT, Ricardo. *Terra trio*. 1 ed. Rio de Janeiro: Sonora, 2020.

PESSOA, Fernando. *A poesia completa de Alberto Caeiro*. 2. ed. São Paulo, Companhia das Letras, 2022.

SEABRA, José Augusto. *Fernando Pessoa ou o poetodrama*. 2. ed. São Paulo, Perspectiva, 1991.

ZECA PAGODINHO. *Zeca Pagodinho e Maria Bethânia em Xerém*. YouTube, 15 de janeiro de 2018. Disponível em: https://www.youtube.com/watch?v=JjGI2b7aRpo. Acesso em: 6 set. 2024.

MELODIA COMO FORMA FIXA: ANTONIO CICERO E O TRABALHO POÉTICO NAS LETRAS DE CANÇÃO

Ênio Bernardes de Andrade (Enzo Banzo)

Quando ouvimos uma canção, sempre escutamos, condensados, a melodia e o texto, unidos na singularidade da voz que canta, no contexto de uma ambientação sonora. A forma cancional é híbrida por natureza. No jogo de sua criação, mais do que a virtude isolada de seus elementos, a escolha entre as infinitas possibilidades de combinação constrói a sua força.

O artifício criativo dá-se em diferentes momentos: composição e junção de letra e melodia; escolhas de harmonização e ritmo; arranjos instrumentais e vocais; produção fonográfica em estúdio; interpretação pela vocoperformance. Além disso, há processos criativos para além do que recebemos pelo som, tais como a performance cênica do corpo, as capas de álbuns, figurinos, iluminação e recursos audiovisuais em apresentações, produções audiovisuais. A criação é infinita.

Os percursos de tais combinações são variáveis. Nessa gama de frentes, dificilmente não acontecerá algum tipo de parceria. Ainda que um mesmo cancionista componha letra e melodia e interprete a canção sozinho ao violão, outros agentes serão envolvidos na construção dos sentidos: técnicos de sonorização em estúdio ou no palco, fotógrafos, designers, profissionais do audiovisual.

Ciente de toda essa complexa rede em torno do universo cancional ou de uma única canção, este capítulo tem como recorte a reflexão sobre os extratos do texto e da melodia em combinação, os quais, desde o momento criativo, pressupõem a sua unificação corpórea pela voz em performance.

Para início desta reflexão, parto da distinção entre três modalidades básicas de criação cancional, a se concretizarem na palavra cantada. Ressalve-se que, em cada um desses modos de composição, há variáveis de infinitas possibilidades, particulares a cada criação. Em uma mesma obra, essas maneiras de compor podem até mesmo se cruzar. Os três caminhos abaixo elencados servem de baliza para se pensar, inclusive, sobre tais variações. Assim, identifica-se no processo de junção de melodia e texto, característica determinante da linguagem cancional, os seguintes modelos:

a. Melodia sobre o texto: quando as palavras, concebidas ou não para tal fim, são musicadas. Nesse processo podemos lembrar dos muitos casos de poemas da tradição da poesia escrita que ganharam melodias. Embora menos usual, até mesmo textos em prosa podem ser convertidos em canção – caso de "Noites do norte", texto de Joaquim Nabuco (1849-1919) musicado por Caetano Veloso e gravado no disco homônimo (2000). É comum também que o texto seja escrito visando à composição de uma canção: um mesmo criador pode escrever um texto e posteriormente musicá-lo; ou oferecer o texto à parceria de um melodista, a quem será dada a incumbência de dar forma à canção. Seja como for, nesse modo, a palavra irá do silêncio da escrita à materialização no som vocal.

b. Melodia com texto: quando versos e melodia são criados simultaneamente. Há várias possibilidades de caminho nessa modalidade. O extrato linguístico pode surgir, a princípio, como sílabas soltas entoadas em conjunto à melodia, sugerindo a sonoridade das palavras que virão a fechar a composição. Tal criação de melodia/texto pode se dar sobre uma sequência harmônica preestabelecida ou desenvolvida em conjunto com a criação, sobre uma frase musical que se repete (*riffs*, *grooves* e outros ostinatos), ou sobre uma batida rítmica, sejam os batuques de um partido alto ou os *beats* de um rap. Em todos os casos, nessa modalidade a palavra nasce com a voz.

c. Texto na melodia: quando versos são sobrepostos em um desenho melódico já composto. Esse é o campo de muitas parcerias entre músicos e letristas, nas quais cabe ao segundo atribuir forma e sentido verbal ao desenho não verbal da melodia. O mais comum é que a melodia seja criada visando à canção, mas há muitos casos de letristas que se empenham em temas melódicos já consagrados em sua versão instrumental. O exercício do letrista é o do encaixe das sílabas em conjunto à coerência diante das sugestões de sentidos e sensações expressos abstratamente nas melodias. Nessa modalidade, a palavra nasce para a voz.

Quando ouvimos uma canção, não sabemos (e não precisamos saber) qual foi o processo que levou à junção da melodia com a letra. Presenciamos o amálgama convincente entre os segmentos unificados e materializados na vocoperformance, em ambientação sonora ou audiovisual. Isso é o bastante para a recepção da canção, para que ela nos toque.

Entretanto a compreensão crítica do fenômeno cancional instiga-nos a refletir sobre os mecanismos de articulação entre texto e melodia desde a sua criação. Em tais reflexões podemos vislumbrar singularidades e potencialidades da palavra poética vocalizada, elemento que, no Brasil, é dado fundamental das nossas vidas individual e social, da nossa arte e da nossa cultura.

ANTONIO CICERO, POETA DO PAPEL E CANÇÃO

Filósofo e escritor de poemas e letras de canções, Antonio Cicero (1945 -) é, desde 2017, membro da Academia Brasileira de Letras. Como informa o *site* oficial da ABL, "Antonio Cicero escreve poesia desde jovem, mas seus poemas só apareceram para o grande público quando sua irmã, a cantora e compositora Marina Lima, musicou um deles" (Cicero, [2018?])[1].

Embora revele preferência pela poesia escrita para o papel (Cicero, 2017, p. 88) e escreva desde a juventude, sua estreia como poeta de livro foi tardia, com a obra *Guardar* (1996). Portanto, ainda que o escritor de poemas anteceda o letrista, a poesia escrita de Cicero só veio a público anos após o artista assinar letras de canções muito conhecidas, tais como "Fullgás" (com Marina, 1984), "O último romântico" (com Lulu Santos e Sérgio Souza, 1984), "Pra começar" (com Marina, 1986) e "À francesa" (com Cláudio Zoli, 1989).

A relação de Cicero com o universo cancional, entretanto, antecede sua atuação como letrista. Durante o período do exílio de Caetano Veloso e Gilberto Gil na Inglaterra (1969-1972), Cicero, então estudante de Filosofia na Universidade de Londres, frequentava a casa em que os baianos viviam. Em *Verdade tropical* (1997), Caetano o apresenta em par oposto e complementar ao cantor e compositor Jorge Mautner, outro agregado da casa naqueles tempos. Enquanto o segundo é definido como um "irracionalista radical", Cicero é descrito como um racionalista, "metódico dissecador dos movimentos inteligíveis da sensibilidade" (Veloso, 1997, p. 442).

Desde então, Cicero já pensava na canção, inscrita e veiculada nos meios de comunicação de massa, em um território distinto do universo da poesia escrita, como lembra Caetano:

---

[1] Disponível em: https://www.academia.org.br/academicos/antonio-cicero/biografia. Acesso em: 6 set. 2024.

> Sem fazer confusão entre os estudos filosóficos e poéticos – que sempre tinham sido o seu principal interesse – e os fenômenos de massa, e sem adotar o tom apocalíptico então em voga, Cicero considerava o peso do que ocorria na seara da música popular, sobretudo sentia-se estimulado pelo que nós tínhamos feito acontecer no Brasil. Era importante que tivéssemos destronado o nacionalismo populista; era importante que considerássemos a modernidade como um valor universal e que tomássemos desafiadoramente o seu partido; era importante que assim ocorresse na órbita em que nos movíamos, isto é, a música popular e o show business (Veloso, 1997, p. 447).

Anos depois da experiência londrina com os tropicalistas, Cicero, levado pela irmã, viu-se inserido no meio midiático da canção. A prática levou seu olhar "metódico dissecador" a refletir sobre as letras de canções, quase sempre em paralelo comparativo com a poesia escrita – embora ressalve que "a fruição e a avaliação de uma obra de arte não deveria ter nada a ver com a determinação do gênero ao qual ela pertence" (Cicero, 2017, p. 89).

No presente capítulo, mais do que discutir as distinções entre poema escrito e letra de canção debatidas pelo autor, interessa-nos as observações de Cicero sobre o processo de composição das letras: o modo como o texto engendra-se à melodia para se materializar na vocoperformance. O olhar analítico de um pensador e criador de poemas e letras de canções pode nos ajudar a compreender o trabalho poético particular à verbalização das notas musicais, entoadas em versos pela voz.

CICERO E OS MODELOS DE COMPOSIÇÃO

Em seu ensaio *Sobre as letras de canções* (2017), Antonio Cicero tece algumas observações sobre o processo de criação das letras cancionais, especialmente sobre o modo de criação aqui denominado "texto na melodia", no qual o trabalho do letrista sucede a criação e o acabamento da composição melódica. Antes de nos atermos a essa discussão, convém observar que o autor tece alguns comentários a respeito dos outros dois processos anteriormente mencionados: "melodia no texto" e "texto com melodia".

Sobre "melodia no texto", quando poemas são musicados, Cicero conta-nos sobre sua entrada involuntária no universo cancional: "Os primeiros poemas meus que foram musicados não haviam sido feitos para isso. Minha irmã, Marina, subtraiu-os de uma gaveta e os musicou, sem o meu consentimento. Entretanto, gostei muito de ouvi-los assim" (Cicero, 2017, p. 84).

Observe que a ausência de intencionalidade do poeta quanto à forma cancional não impediu que a cantora Marina Lima vislumbrasse no texto, em sua autonomia e musicalidade, uma possível canção. A compositora buscou no poema sua "canção escondida":[2] possibilidades musicais e entoativas não imaginadas pelo escritor. Nesse processo, quem cria a melodia realiza uma leitura pessoal do texto, procurando em sua musicalidade um desenho melódico pessoal. Nesse jogo, revela sons antes latentes no silêncio da página. Como observa Leonardo Davino de Oliveira (2023, p. 174): "musicar um poema é compreender os indícios de oralização dados pelas palavras".

Sobre "texto com melodia", Cicero chama atenção para a diferença de sua atuação como letrista – necessariamente em parceria – diante daqueles capazes de amalgamar melodia e letra ao mesmo tempo: "Como não sou cantor nem compositor ou músico – ao contrário, por exemplo, de Caetano Veloso ou de Chico Buarque –, as letras que escrevo sempre fazem parte de alguma obra de outra pessoa. Elas passam pela mediação de outras pessoas" (Cicero, 2017, p. 88).

Importante observar a ideia de "mediação" por que passam as canções em parceria: quando Marina decide musicar o texto de Cicero, ela é a mediadora; quando Cicero dá forma verbal ao desenho melódico de Marina, é ele quem exerce esse papel, mediando as infinitas possibilidades textuais a partir da estrutura não verbal da melodia. Finalizada a composição, outros mediadores aparecem: intérpretes, arranjadores, produtores musicais, além de profissionais da imagem e do audiovisual.

Recentemente, em artigo para a *Folha de S. Paulo* de 4 dez. 2023, Cicero discorreu sobre o "texto com melodia" ao tratar de Caetano Veloso. O filósofo, ao apontar Caetano como "um dos grandes poetas brasileiros", remete o trabalho do compositor de letra e música em conjunto às origens da poesia lírica, não no sentido do texto escrito classificado como gênero – ao lado do épico e do dramático –, mas na matriz poética da cultura oral, antes mesmo da vigência da escrita. Ele comenta: "etimologicamente, a poesia lírica consiste, em primeiro lugar, naquela que é composta simultaneamente – e em sintonia – com a música produzida por uma lira" (Cicero, 2023)[3].

---

[2] Título de álbum que lancei, com 10 poemas musicados. Banzo, Enzo. Canção escondida. Brasil: Matraca Records/YB Music, 2017. 1 disco sonoro (CD).

[3] Disponível em: https://www1.folha.uol.com.br/ilustrada/2023/12/musica-fez-de-caetano-veloso-um-dos-grandes-poetas-brasileiros.shtml?origin=folha. Acesso em: 13 abr. 2024.

Estendendo a lira para os instrumentos musicais da atualidade (violão, piano etc.), Cicero vê em Caetano Veloso um grande poeta lírico contemporâneo. É a constatação desse campo de atuação musical da poesia, do ancestral ao midiático, que possibilita a percepção do cancionista como um poeta.

O LETRISTA E A FORMA FIXA

A modalidade de criação que chamamos "texto na melodia" é o principal objeto da reflexão de Cicero em *Sobre as letras de canções* (2017). Trata-se do modo no qual o autor atua deliberadamente como poeta-letrista, ao contrário de quando tem um poema musicado, com ou sem consentimento. No citado artigo publicado na *Folha de S. Paulo*, Cicero afirma: "O que efetivamente pode ser chamado de 'letra' são os discursos escritos para que uma música dada se torne uma canção" (Cicero, 2023)[4], ou seja, aqueles aqui tratados como "texto na melodia".

Cabe contrapor a afirmação de Cicero, pois um poema escrito passa a funcionar como letra de canção quando musicado: sua materialização dá-se na vocoperformance, e não mais no papel; trata-se de um novo objeto artístico, uma obra híbrida e autônoma, mesmo quando derivada do poema. Do mesmo modo, um texto cancional composto em conjunto e sintonia à melodia, compreendido por Cicero como poesia lírica, é composto para a canção tal qual o "texto na melodia". Ademais, o modo de composição não impacta na concretização do texto – sempre na vocoperformance – e na recepção do ouvinte, que não precisa ter conhecimento do processo de composição para sentir e compreender os enunciados poético-verbais entoados em amálgama à melodia vocalizada. O texto cancional materializa-se, de fato, na vocoperformance, amalgamado à melodia, entoado pela voz, seja em contexto midiático (gravações) ou presencial (o instante efêmero da performance).

Entretanto, do ponto de vista do ofício do cancionista, o trabalho do letrista que trabalha em uma melodia composta por outro artista é, de fato, diferente dos outros dois modelos. Além do caráter de mediação já destacado, há uma estrutura predefinida sobre a qual a letra deve se encaixar. É do ponto de vista do ajuste dos versos ao desenho melódico que Cicero estabelece uma correspondência entre a melodia e a forma fixa,

---

[4] Disponível em: https://www1.folha.uol.com.br/ilustrada/2023/12/musica-fez-de-caetano-veloso-um-dos-grandes-poetas-brasileiros.shtml?origin=folha. Acesso em: 13 abr. 2024.

não na regularidade de redondilhas ou decassílabos, mas na predefinição de uma forma a ser preenchida pelas palavras: "Passei a fazer versos para melodias previamente compostas por Marina ou por outros compositores. As melodias, nesses casos, funcionavam como espécies de formas fixas para os versos" (Cicero, 2017, p. 84).

Antonio Cicero apresenta essa noção de melodia como forma fixa baseado em dois elementos básicos da construção poética: a métrica (quantidade de sílabas do verso) e o ritmo (acentuação das sílabas átonas e tônicas). Dá como exemplo a canção "A felicidade", de Tom Jobim e Vinícius de Moraes – embora não tenha certeza se esse foi o método de criação utilizado –, apresentando a estrutura métrica e rítmica de versos da canção:

> *U – U U U –*
> *Tristeza não tem fim*
>
> *U – U – U –*
> *Felicidade sim*
> (Jobim; Moraes *apud* Cicero, 2017, p. 85).

Observando a correspondência do texto cancional com o esquema de métrica e acentuação rítmica, notamos que os versos de Vinícius são uma escolha para encaixe na frase melódica – assim como em um soneto há um sistema de metrificação e acentuação que desafia o poeta a encontrar palavras adequadas à forma padrão. Tal percepção da forma fixa a encara, mais do que como uma repetição de estrutura, como um gesto criativo no qual os limites formais são obstáculo e estímulo, restrição e abertura de possibilidades:

> Sempre tomei as formas fixas como uma espécie de desafio. Há algo de verdadeiro na afirmação de Paul Valéry de que "é poeta aquele a quem a dificuldade inerente à sua arte dá ideias, e não o é aquele a quem ela as retira" (1960, p. 627). As formas que o poeta se obriga a seguir, quer as tenha inventado, quer as tenha encontrado prontas – têm o sentido de obrigá-lo a trabalhar para além do que se lhe dá espontaneamente, para além da "inspiração" (Cicero, 2017, p. 86).

Antonio Cicero pontua, pois, o aspecto do labor poético daquele que se lança a ocupar um desenho melódico com versos para serem cantados. Ou seja, o letrista executa, na escolha criativa de versos para compor um texto sobre uma melodia, um trabalho poético. Refletindo sobre seu próprio campo de ação no universo cancional, Cicero dá-nos um relato de seu processo criativo como letrista; em seu caso, trata-se de uma adaptação para quem vem da poesia escrita para o universo da canção.

TRABALHO DE ARTE CABRALINO

A oposição entre "inspiração" e "trabalho" pontuada por Cicero no trecho citado, diante do desafio da composição de textos para melodia, mais do que dar voltas em torno da discussão "letra de música é poesia" – à qual o próprio Cicero volta-se no desenvolvimento do ensaio –, demonstra o caráter da arte poética como um ofício, sobre o qual o criador deve se aplicar em busca de soluções esteticamente eficazes. É esse o trabalho do poeta.

Tal noção aproxima Cicero da visão crítica e poética de João Cabral de Melo Neto. Em *Poesia e composição* (2003), o poeta pernambucano diferencia as noções de poesia como resultado de "inspiração" ou de "trabalho de arte". Na acepção de João Cabral, para os poetas da "inspiração" a poesia é "o momento inexplicável de um achado", enquanto para os adeptos do "trabalho de arte" é consequência de "horas enormes de uma procura" (Melo Neto, 2003, p. 28). Enquanto a "inspiração" recebe a poesia como "encontro", o "trabalho de arte" enfrenta-a como "procura".

Nessa acepção, o trabalho poético é um atributo característico do segundo grupo. Quanto ao primeiro, para João Cabral, os que "encontram a poesia [...] pouco tem a dizer sobre composição. Os poemas neles são de iniciativa da poesia. Brotam, caem, mais do que se compõem" (Melo Neto, 2003, p. 28). Já em relação aos que "procuram", "o trabalho é, aqui, a origem do próprio poema. [...] O artista intelectual sabe que o trabalho é a fonte da criação e que uma maior quantidade de trabalho corresponderá uma maior densidade de riquezas" (Melo Neto, 2003, p. 36).

Identificado ao "trabalho de arte", Antonio Cicero demonstra como há um exercício de labor poético para se chegar à forma final de uma letra de canção sobre uma melodia, tal qual nos poetas do "trabalho de arte" – em especial os adeptos da criatividade sobre as formas fixas, como o próprio João Cabral. Quando recebe uma melodia para criar uma letra, a atitude de Cicero é de "procura", cujas horas de trabalho concretizam-se em um texto poético amalgamado à forma fixa da melodia, pronta para ganhar movimento na vocoperformance do intérprete.

Cabe a ressalva de que tais apontamentos não fecham a questão do aspecto poético das canções. Trata-se da visão de um metódico racionalista, como descreve Veloso (1997, p. 442). Entretanto tais reflexões sinalizam para um aspecto importante da criação cancional: o desafio e o labor poético diante de uma melodia que ganhará palavras e vozes, implicando uma procura minuciosa por um texto capaz de soar com fluência e naturalidade, a despeito do jogo criativo que engendrou sua construção e acabamento. A seu modo, o trabalho do letrista é um trabalho de arte, um trabalho de poeta.

TEXTO PARA A VOZ: LINGUAGEM ORAL

Cabe acrescentar que a forma fixa da melodia não compreende somente os ajustes métrico, estrófico e acentual como na poesia escrita. A complexidade desse trabalho envolve outros elementos, tais como a adequação do texto à oralidade, posto que será materializado pela voz. Como aponta Luiz Tatit (2016, p. 74): "Não basta ao(s) autor(es) combinar frases verbais como frases melódicas, pois a própria combinação terá de ser cotejada com as soluções cotidianas da linguagem oral. Sem essa aptidão, o autor poderá eventualmente ser um bom poeta, mas nunca um letrista".

O próprio Antonio Cicero, em outro texto, dá um bom exemplo prático das diferenças entre o texto composto para a escrita e para a oralidade, que podem ser sutis, mas são determinantes para o ajuste fluente entre voz, palavra e melodia:

> Outra coisa de que me lembro se refere a "O charme do mundo". Escrevi assim uma parte da letra: "Acho que o mundo / faz charme / e que ele sabe / como encantar-me". Naturalmente, "encantar-me" rima com "charme". Mas a Marina achou – com certa razão – que isso afastaria a canção do modo de falar normal do brasileiro, de modo que, mesmo perdendo a rima, preferiu cantar simplesmente: "Acho que o mundo / faz charme / e que ele sabe / como encantar" (Cicero, 2013, p. 189).

Ao criar a letra, Cicero viu no paralelo sonoro entre "charme" e "encantar-me" uma rima rica (substantivo e verbo) soante, enriquecendo a forma poética do texto. Para Marina, esse recurso, apesar do achado poético, comprometeria a fluidez do texto no contexto da linguagem oral falada no Brasil.

A argumentação de Marina, tendo em mente o ajuste do texto à linguagem cancional, remete aos aforismos do "Manifesto do poesia Pau-Brasil", no qual Oswald de Andrade (1978, p. 6) reivindica uma poesia "como falamos. Como somos" (1978, p. 6). O projeto oswaldiano era voltado à poesia escrita, sem se projetar ao campo cancional midiatizado, ainda embrionário na década de 1920. Entretanto tal projeto acaba por encontrar, na linguagem cancional, uma via de materialização de largo alcance e popularização. É o que se discute ao analisar canções de Noel Rosa à luz dos manifestos oswaldianos:

> Quando propôs uma poesia "como falamos", Oswald de Andrade se referia à construção de uma linguagem poética solta, como no dia a dia, descomprometida com as amarras dos versos metrificados, alforriada do rebuscamento que se almeja requintado, superando uma visão poética de um tempo já passado. É provável que não tivesse em mente que este princípio poderia ser assimilado pelas poéticas da voz, que já sairiam com a vantagem de, assim como a fala, serem realizadas pela própria voz. Mais do que "como falamos", estaríamos adentrando o território vivo da fala (Andrade, 2017, p. 116).

É essa materialização do verso no território vivo da fala cotidiana, cuja matéria é a própria voz, que leva Marina a identificar na ênclise do pronome "me", típica da linguagem escrita, uma espécie de ruído quando contextualizada no fluxo de uma poética da oralidade brasileira. Mais uma vez, lembro Oswald de Andrade, em seu famoso poema "Pronominais":

> Dê-me um cigarro
> Diz a gramática
> Do professor e do aluno
> E do mulato sabido
> Mas o bom negro e o bom branco
> Da Nação Brasileira
> Dizem todos os dias
> Deixa disso camarada
> Me dá um cigarro
> (Andrade, 2000, p. 120).

O texto cancional tem o mesmo suporte da fala: a voz. É para a voz, e não para o papel, que o letrista anota seus versos sobre as notas musicais.

DO TEXTO PARA A VOZ: ENTOAÇÃO

Além das escolhas gramaticais ajustadas à oralidade, a composição formal da letra sobre melodia envolve outras nuances relacionadas à composição melódica predefinida e sua materialização vocal. Em conjunto ao encaixe rítmico-métrico e à adequação do texto à linguagem oral, o trabalho de criação de letra sobre melodia envolve o reconhecimento da entoação, implícita ao desenho melódico: "O escritor se reporta aos segmentos entoativos subjacentes às expressões e às frases, segmentos esses que só se configuram plenamente quando a letra se integra à melodia" (Tatit, 2016, p. 75).

Analisando o exemplo proposto por Cicero – os primeiros versos de "A felicidade", de Tom Jobim e Vinícius de Morais – observamos que, além da métrica e da acentuação rítmica, há outros elementos, de natureza entoativa, que impactam na escolha das palavras para os versos. A melodia apresenta-se em andamento desacelerado; logo no início, a segunda nota tem uma duração mais longa, devendo ser ocupada por uma vogal. Os andamentos lentos associados ao alongamento das vogais, em conjunto com saltos na linha melódica, são características do que Tatit (1996, p. 23) denomina de "passionalização":

> A dominância da passionalização desvia a tensão para o nível psíquico. A ampliação da frequência e da duração valoriza a sonoridade das vogais, tornando a melodia mais lenta e contínua. A tensão de emissão mais aguda e prolongada das notas convida o ouvinte para uma inação. Sugere, antes, uma vivência introspectiva de seu estado. Daqui nasce a paixão que, em geral, já vem relatada na narrativa do texto. Por isso, a passionalização melódica é um campo sonoro propício às tensões ocasionadas pela desunião amorosa ou pelo sentimento de falta de um objeto de desejo.

Assim, ao receber uma melodia de andamento lento, com prolongamento de duração logo na segunda nota musical, ao letrista já é sugerido um sentimento a ser evocado pela letra. Ao mesmo tempo em que as sílabas são encaixadas na métrica e na acentuação, o letrista escolhe, levado intuitivamente pela entoação, palavras que respondam a essa sugestão. Sobre essa nota que se alonga, antecedida e sucedida por duas notas curtas, o sentimento não verbal da melodia é traduzido no sentido da linguagem verbal. Daí compreendemos a escolha de Vinícius pela palavra "tristeza", coerente com o "sentimento de falta de um objeto de desejo", típico da "passionalização".

Portanto a palavra escolhida para se amalgamar à melodia, além do encaixe poético ajustado à linguagem oral, apresenta coerência de sentidos diante do discurso entoativo da melodia. Se a melodia se apresentasse com tendência predominante à "tematização" – par oposto da "passionalização", caracterizada por andamentos acelerados, vogais curtas e consoantes percussivas, identificação entre sujeito cancional e objeto tematizado –, a escolha dos versos seria diferente, mesmo com o mesmo desenho de métrica e acentuação rítmica.

Da mesma forma, a conclusão do verso em melodia descendente é determinante para a construção do texto. A descendência melódica na conclusão das frases caracteriza, na fala e no canto, as afirmações asseverativas. Se a frase se concluísse em ascendência (elevação das notas) ou suspensão (repetição da mesma nota), soaria como uma pergunta, necessitaria de uma complementação, não se concluiria por si só (Tatit, 1996). O percurso melódico descendente sugere uma afirmação asseverativa, assim preenchida pela letra: "tristeza não tem fim".

Trata-se de um exemplo simples, um único verso capaz de demonstrar como a forma fixa proposta pela melodia a ser preenchida pelo letrista conjuga diversos fatores para a criação do texto: poéticos (métrica e acentuação rítmica), gramaticais e lexicais (adequação à linguagem oral), melódico-entoativos, além dos contextos sonoro e musical. A composição do "texto na melodia" envolve, portanto, um labor poético complexo, no qual o letrista precisa lidar com diferentes variáveis simultâneas a fim de chegar a um acabamento que soe natural e fluente no canto, um ajuste amalgamado de tal forma que não seja possível isolar uma das partes sem a evocação da outra.

ALGUMAS CONCLUSÕES: FORMA FIXA MÓVEL

A noção de melodia como forma fixa proposta por Antonio Cicero ajuda-nos a compreender o trabalho poético do letrista. Ao propor essa correspondência entre as estruturas pré-formatadas para a estrutura do texto na poesia escrita e na letra de canção – na (infindável) discussão sobre o caráter poético das canções –, Antonio Cicero chama a atenção sobre o desafio e o labor poético para se chegar à forma final de uma letra de canção. Tal processo de construção e acabamento com as palavras sobre uma protoforma pode ser aproximado da noção cabralina de "trabalho de arte" em oposição à inspiração.

Se há semelhanças entre tais formas fixas para os poemas e para as canções, como na métrica e na acentuação rítmica previamente definidas, há particularidades no trabalho de criação do texto para ser cantado: a consideração da fluência da linguagem oral, "como falamos"; as sugestões entoativas subjacentes à melodia, como aponta Tatit. Portanto o labor poético do letrista, na procura de um texto capaz de fluir com naturalidade na voz que canta, envolve um jogo complexo, mesmo quando em busca da simplicidade.

Por fim, é preciso destacar que a composição de melodia e letra ainda não configura a materialização da canção. Quando finalizado, o conjunto de letra e melodia passa a funcionar como um protótipo, uma nova forma fixa, que só ganha vida ao ser cantada.

Assim, nas composições criadas no modo de "texto na melodia" há uma sucessão de escolhas e formas fixas a serem movimentadas. O melodista cria a primeira forma, a ser preenchida pelo letrista. O resultado – a composição –, mesmo quando fixado no papel, em uma partitura acompanhada da letra ou outra forma de notação gráfica, ainda não é a canção, que só se materializa no som, recebido pelos ouvidos e por todo corpo.

Para músicos e intérpretes, a composição de letra e música é a forma fixa a ser manipulada e recriada, em diferentes arranjos, abordagens sonoras, interpretação vocal. Cada intérprete, a seu modo, balança essa forma fixa cheia de mobilidades: a vocoperformance recria a canção. A cada volta, os desenhos amalgamados de melodia e letra podem dançar por caminhos surpreendentes e inesperados.

Quando esse conjunto é produzido em uma gravação, tem-se uma nova fixação, o fonograma. Entretanto, cada vez que a canção é repetida, seja em uma apresentação de quem a gravou, em outra gravação ou na voz de cada pessoa que a entoa, há um novo movimento, uma nova performance.

A linguagem cancional configura-se, pois, por uma sucessão de formas fixas móveis, definidas e em transformação, delineadas e abertas, finalizadas e sem fim.

REFERÊNCIAS

ANDRADE, Ênio Bernardes de. *Noel Rosa Pau-Brasil*: poesia como falamos - 2017. 122f. Dissertação (Mestrado em Estudos Literários) – Universidade Federal de Uberlândia, Uberlândia, 2017. Disponível em: http://doi.org/10.14393/ufu.di.2017.487 Acesso em: 13 abr. 2024.

ANDRADE, Oswald de. *Pau-Brasil*. São Paulo: Globo, 2000.

ANDRADE, Oswald de. *Do pau-brasil à antropofagia e às utopias*. Rio de Janeiro: Civilização Brasileira, 1978.

BIOGRAFIA. Academia Brasileira de Letras. Disponível em: https://www.academia.org.br/academicos/antonio-cicero/biografia. Acesso em: 13 abr. 2024.

CICERO, Antonio. Música fez de Caetano Veloso um dos grandes poetas brasileiros. *Folha de S. Paulo*. 4 dez. 2023. Disponível em: https://www1.folha.uol.com.br/ilustrada/2023/12/musica-fez-de-caetano-veloso-um-dos-grandes-poetas--brasileiros.shtml?origin=folha. Acesso em: 13 abr. 2024.

CICERO, Antônio. Perfil. Rio de Janeiro: ABL, [2018?]. Disponível em: https://www.academia.org.br/academicos/antonio-cicero/biografia. Acesso em: 6 set. 2024.

CICERO, Antonio. Sobre as letras de canções. *In*: CICERO, Antonio. *A poesia e a crítica*. São Paulo: Companhia das Letras, 2017, p. 84-94.

CICERO, Antonio. *Encontros*. Organização: Arthur Nogueira. São Paulo: Azougue: 2013.

MELO NETO, João Cabral de. Poesia e composição. *In*: Melo Neto, João Cabral de. *Prosa*. Rio de Janeiro: Nova Fronteira, 2003.

OLIVEIRA, Leonardo Davino de. *Do poema à canção*: a vocoperformance. Rio de Janeiro: Editora da Universidade do Estado do Rio de Janeiro, 2023.

TATIT, Luiz. *Estimar canções*: estimativas íntimas na formação do sentido. São Paulo: Ateliê Editorial, 2016.

TATIT, Luiz. *O cancionista*: composição de canções no Brasil. São Paulo: Editora da Universidade de São Paulo, 1996.

VELOSO, Caetano. *Verdade tropical*. São Paulo: Companhia das Letras, 1997.

SLAM: VOZES NA ESCRITA DA HISTÓRIA

Fabiana Bazilio Farias

O poder é a habilidade não apenas de contar a história de outra pessoa, mas de fazer que ela seja sua história definitiva.
(Chimamanda Ngozi Adichie)

Os estudos voltados para a história da nossa literatura brasileira têm passado por momentos decisivos ao longo deste último século em um caminho de reflexão sobre seu processo de construção e, principalmente, de estabelecimento do cânone. Um processo que a cada dia torna-se irreversível, sobretudo quando consideramos as transformações advindas das mudanças de geração em nossa sociedade, em especial das gerações que presenciaram o boom da cultura digital. Soma-se a isso a predominância do virtual nas discussões ora profundas, ora fragmentadas, pautadas nas discussões dos grupos identitários que têm significativa capacidade de questionamento dos modelos e das narrativas estabelecidas.

Os estudos culturais, em especial, representam essa mudança no campo da crítica literária a partir da inserção da interdisciplinaridade e da proposta de revisão do cânone. No cenário estadunidense, o crítico literário Harold Bloom protagonizou forte oposição às mudanças provocadas pela tendência revisionista e de resgate. O crítico defendia que a inserção de obras no cânone deveria ser baseada em critérios que ele descreveu como aqueles que resultam em uma transformação na percepção de mundo do leitor. Para ele, "a crítica cultural é outra ciência social obscura, mas a crítica literária, como arte, sempre foi e sempre será um fenômeno elitista" (Bloom, 1996, p. 17).[1]

A figura do crítico é bastante recorrente para pontuar um posicionamento mais conservador sobre o tema, contudo a discussão sobre a constituição do cânone tem sido objeto de amplo debate ao longo dos anos, contemplando diferentes perspectivas que atravessam a crítica literária, os estudos históricos e também o ensino de literatura nas escolas. Um debate que coloca em questão categorias como "julgamento de valor",

---

[1] Do original: "Cultural criticism is another dismal social science, but literary criticism, as an art, always was and always will be an elitist phenomenon".

identidade, diversidade e representatividade. Cânone e historiografia literária tornam-se temas conectados, pois compartilham os critérios de seleção e legitimação que acabam por expressar uma identidade cultural dominante. A historiografia (e neste ponto já nos direcionamos para pensar a nossa literatura brasileira) desempenha papel fundamental na construção do cânone e utiliza critérios observáveis, como exemplifica Roberto Acízelo de Souza (2018, p. 73), em seu *Historiografia da literatura brasileira*, ao dizer:

> Nossos historiadores literários oitocentistas, em seus esforços para demarcar o território da literatura brasileira, precisaram de um critério que orientasse suas decisões de incluir ou excluir escritores na cartografia que iam construindo. Pode-se dizer que a questão tinha duas dimensões: uma geográfica e outra histórica, envolvendo, pois respectivamente, o local e a época do nascimento dos autores cogitados para integrar o cânone nacional em formação.

O trecho destaca os desafios enfrentados pelos primeiros historiadores de nossa literatura no esforço de esboçar uma cartografia literária de nosso território nacional. Esforço intrinsecamente conectado ao movimento de formação de uma identidade nacional para nossa literatura. Já é, de certa forma, consenso que toda seleção envolve limitações e escolhas subjetivas e políticas que são influenciadas pelos interesses ideológicos e perspectivas culturais de um determinado período histórico. Dessa forma, os processos de marginalização de vozes e autores que fugiam a esses critérios contribuíram para o estabelecimento de um quadro que também simboliza as limitações e preconceitos de sua época, levantando questionamentos sobre as razões que determinam o que é incluído e o que é excluído. Importante também pontuar que todo esse processo faz com que o cânone esteja sempre em revisão, contudo as perspectivas advindas dos estudos culturais intensificaram esse processo, tornando-o mais dinâmico e ampliando seus referenciais.

A partir do que foi apresentado até aqui, interessa para a discussão deste capítulo pensar como as produções marcadas pela oralidade têm se mostrado um desafio para a construção de uma história da literatura brasileira. Os estudos sobre oralidade já têm tradição dentro dos estudos literários e crescem à medida que novas produções surgem, adicionando ao tema não apenas sua indiscutível riqueza cultural, mas também as complexas dinâmicas de poder envolvendo a formação do nosso território nacional. Esse movimento está inserido em um cenário mais amplo de resgate e revalorização das identidades e culturas que foram historicamente marginalizadas, um movimento também revisionista que busca reparar as narrativas e as vozes silenciadas do cânone. Roberto Reis (1992, p. 67-68), em seu famoso texto sobre o cânone, afirma:

> [...] a linguagem também hierarquiza e engendra em seu bojo mecanismos de poder, na medida em que ela articula e está articulada pelas significações forjadas no seio de uma dada cultura, no interior da qual, como ficou dito, as ideologias estão operando para garantir a dominação social. As sociedades que têm escrita usaram e abusaram do alfabeto como forma de subjugar as culturas "ágrafas" e esta foi uma das maneiras como, por exemplo, os europeus colonizaram os povos do chamado Terceiro Mundo. Segundo Jacques Derrida, a escrita foi reprimida no Ocidente porque havia o risco de ela passar para as mãos do outro, oprimido pela tirania do alfabeto, e o outro, se de posse da escrita, poderia deslindar os mecanismos de sua própria dominação. Gostaria de lembrar que, quando falamos de literatura, aludimos primordialmente a algo escrito (necessitamos acrescentar "oral" quando nos referimos a outras, o mais das vezes menos acabadas e desprestigiadas, formas de literatura, não calcadas na escrita). Em várias culturas a escrita se complexificou extremamente, a ponto de ter sido necessário criarem-se instâncias reprodutoras de seus meandros, como a escola, a fim de que se pudesse passar, de geração a geração, os segredos da vigilância social por ela propiciados.

Reis (1992) ressalta o lugar da linguagem (aqui pensando na perspectiva da linguagem escrita) para além da comunicação, e também como espaço de hierarquização e controle. Isso fica evidente no exemplo utilizado em relação às culturas ágrafas e na perspectiva histórica da dominação cultural e do imperialismo. Na literatura, essa questão aprofunda-se com as discussões de Walter Ong e Hampaté Bâ sobre as implicações provocadas a partir das diferenças existentes entre oralidade e cultura escrita.

Diante disso, observa-se nos movimentos literários atuais, protagonizados por subjetividades socialmente marginalizadas, um processo de reflexão sobre a sua produção e a sua localização em relação à história de nossa literatura e ao próprio cânone, considerando também a dinâmica de influências, tradições e referências que guiam a trajetória desses sujeitos.

A cultura da oralidade na poesia agrega muitas das discussões apresentadas até aqui e também em outra mais ampla, que trata do estabelecimento daquilo que o crítico Cuti (2010, p. 11) chamou de uma "literatura negro-brasileira". Para ele,

> [...] o surgimento da personagem, do autor e do leitor negros trouxe para a literatura brasileira questões atinentes à sua própria formação, como a incorporação dos elementos culturais de origem africana no que diz respeito a temas e formas, traços de uma subjetividade coletiva.

A importância da cultura afro-brasileira na formação da identidade e da expressão literária dá-se não apenas pela adição de uma temática em que o negro esteja presente, mas de uma reformulação complexa que pense essas subjetividades. Da mesma forma, a oralidade surge como resgate de uma tradição que desafia os formatos literários ocidentais. A escritora Leda Martins (2007, p. 23) examina isso ao pensar na força da palavra nos rituais afro-brasileiros.

> No âmbito dos rituais afro-brasileiros, a palavra poética cantada e vocalizada ressoa como efeito de uma linguagem pulsional e mimética do corpo, inscrevendo o sujeito emissor, que a porta, e o receptor, a quem também circunscreve, em um determinado circuito de expressão, potência e poder. Como sopro, hálito, dicção e acontecimento performático, a palavra proferida e cantada grafa-se na performance do corpo, portal da sabedoria. Como índice de conhecimento, a palavra não se petrifica em um depósito ou arquivo estático, mas é essencialmente kinesis, movimento dinâmico, e carece de uma escuta atenciosa, pois nos remete a toda uma *poieses* da memória performática dos cânticos sagrados e das falas cantadas nos rituais.

Leda Martins destacará a palavra poética vocalizada como epicentro dos rituais de origem africana, sublinhando o caráter performativo da palavra e sua conexão íntima com o corpo. Esse entendimento permite pensar na forma como o conhecimento é construído, transmitido e preservado em culturas marcadas pela oralidade. A constituição do cânone, como já dito anteriormente, ao privilegiar formas escritas de expressão também silencia uma linha de ancestralidade que poderia conectar as produções contemporâneas às produções de outra época, rasurando a conexão exclusiva pela escrita e ampliando o conceito de literatura.

SOBRE O SER MARGINAL E O SER MARGINALIZADO

Antonio Candido, em *Formação da literatura brasileira* (2000, p. 9), ao apresentar sua visão sobre o processo de formação da nossa literatura nacional, traz um tópico importante que é o caráter comparativista em sua abordagem crítica:

> Cada literatura requer tratamento peculiar, em virtude de seus problemas específicos ou da relação que mantém com outras. A brasileira é recente, gerou no seio da portuguesa e dependeu da influência de mais duas ou três para se constituir. A sua formação tem, assim, caracteres próprios e não pode ser estudada como as demais, mormente numa perspectiva histórica.

Desse modo, pensar em perspectiva comparativa é uma premissa que se estende na dicotomia estrangeiro versus nacional, mas também na própria disposição interna que configura nossa literatura. Pensar na formação dessa história é pensar também no periférico e em categorias que atualmente já são lidas a partir de outra perspectiva, como o *marginal* e as *margens* na literatura.

O termo marginal tem sido um campo de estudos muito profícuo dentro dos estudos literários. O lançamento, em 1975, da coletânea *26 poetas hoje*, organizada pela crítica literária Heloísa Buarque de Hollanda, foi um momento emblemático para essas discussões. Trazendo nomes que hoje já se situam em nossa historiografia literária, como Chacal, Cacaso, Ana Cristina Cesar, Francisco Alvim, Paulo Leminski, Waly Salomão e Torquato Neto, a coletânea, já em sua introdução, traz a conceituação do termo marginal que nomeia a produção dos poetas ali reunidos:

> Frente ao bloqueio sistemático das editoras, um circuito paralelo de produção e distribuição independente vai se formando e conquistando um público jovem que não se confunde com o antigo leitor de poesia. Planejadas ou realizadas em colaboração direta com o autor, as edições apresentam uma face charmosa, afetiva e, portanto, particularmente funcional. Por outro lado, a participação do autor nas diversas etapas da produção e distribuição do livro determina, sem dúvida, um produto gráfico integrado, de imagem pessoalizada, o que sugere e ativa uma situação mais próxima do diálogo do que a oferecida comumente na relação de compra e venda, tal como se realiza no âmbito editorial (Hollanda, 2007, p. 9).

O termo "marginal", nesse contexto da década de 70, está relacionado à posição de independência frente ao mercado editorial. A esse sentido do termo "marginal", a autora acrescenta características que aludem aos elementos intrínsecos e extrínsecos do texto literário: participação do autor nas etapas do processo de confecção e venda do livro; linguagem informal, desierarquização do espaço nobre da poesia; recusa da literatura classicizante e das vanguardas experimentais (Hollanda, 2007).

A obra foi um espaço de visibilidade significativa e legitimada para uma nova geração de poetas e permitiu inserir uma compreensão mais crítica e complexa sobre o que é ser "marginal" dentro dos estudos de literatura, além de estabelecer uma relação de continuidade com o movimento modernista de 1922.

A partir desse primeiro momento, o termo "marginal" passa por algumas mudanças conceituais, e nos anos 2000 assume novos significados, em especial com a publicação do romance *Capão pecado*, de Ferréz, e do surgimento da Cooperativa Cultural da Periferia (Cooperifa) em 2007. A criação de novos espaços de visibilidade que tentam criar marcas de diferenciação (pelo nome, pela localização ou pela linguagem) dos centros de poder faz parte de um projeto de colocar as vozes periféricas como sujeitos e não como objetos na literatura.

A partir dessa virada, o termo "marginal" aproxima-se de um sentido ligado ao social (diferenciando-se de sua acepção relacionada ao movimento da literatura marginal dos anos 70). Estamos, portanto, falando agora de marginalidades geográfica, econômica e social, da voz que se projeta dos espaços periféricos, dos corpos periféricos. Essa produção assumirá um caráter explicitamente engajado com a vivência periférica, problematizando questões relacionadas à oposição centro/periferia, afinal, escrever poesia é também adentrar na seara das questões sobre o que é ser poeta, ou quem pode ser poeta, como é seu rosto, sua cor e seu CEP.

Nessa segunda década do século XXI, a produção poética presente nos campeonatos brasileiros do *slam* (*poetry slam*) alinham-se, apesar de sua origem estrangeira, a uma tradição presente em nossa literatura da palavra falada e retoma com energia a discussão do uso do marginal tendo em vista que sua produção também estará conectada a uma vivência marginalizada em sociedade. Em alguns casos, os poetas do movimento autodenominam-se poetas marginais e, em outros casos, discutem a utilização desse termo pelos seus sentidos dentro da história literária.

LAMBER A LÍNGUA II: A VOCOPERFORMANCE

Heloisa Buarque de Hollanda afirma a conexão entre o *slam* e a poesia marginal, não filiando o movimento à produção da década de 70, mas caracterizando-o como representante de uma nova concepção do termo marginal. Em entrevista ao jornal *Tribuna de Minas* em 2021, ao ser perguntada sobre o que restaria de uma poesia marginal, a crítica respondeu: "Acho que a poesia de *slam*, principalmente. A poesia de sarau ainda é mais formal, mas os *slammers*, as apresentações de rua, que tem muito hoje, especialmente nas periferias, poderia ser um equivalente da poesia feita nos anos 1970".

A poesia do *slam*, principalmente aquela que parte da periferia, traz em sua temática questões urgentes de caracteres político e social, caracterizando-se por um discurso incisivo e que dialoga com as discussões identitárias presentes na primeira e segunda década do século XXI tanto no plano acadêmico quanto no engajamento de uma juventude nas pautas identitárias.

Pensar em tradição quando trazemos o termo "marginal" provoca implicações que esbarram, para certa produção, no silenciamento cultural no âmbito da construção do cânone e da história de nossa literatura. A poesia presente nos campeonatos de *slam*, marcados pela performance e pela oralidade, traz como uma de suas marcas o desejo de comunicar, de enviar uma mensagem impactante e direta, dialogando inevitavelmente com a linguagem direta e marcada pela oralidade da poesia de 70.

Contudo, as questões sociais criam uma continuidade que busca reescrever uma história que faça mais sentido, como conectar-se à obra da escritora Carolina Maria de Jesus, negra, periférica e que traz em sua obra questionamentos que permanecem para essa nova geração de poetas que performam no *slam*. Poesia de denúncia, que é rotulada pejorativamente como poesia "panfletária", revelando uma visão limitadora sobre as temáticas e os anseios desses poetas periféricos. Traço que reforça essa tradição feminina negra na literatura com a escritora Carolina Maria de Jesus, como podemos confirmar aqui:

> Carolina foi presa pelo menos quatro vezes, por queixas banais e fúteis – estar lendo ou escrevendo poesias na rua – e falsas acusações de roubo ou desacato. Ficou conhecida, como ela mesma já narrou, como a "diaba de Sacramento", por uma falsa denúncia de que estaria lendo o livro do

bruxo São Cipriano, e, no tempo em que morou no Canindé, como "língua de fogo", por dizer o que pensava contra tudo e todos. "Língua de mulher é igual pé de galinha, tudo espalha", escreveu (Farias, 2021, p. 22).

Carolina Maria de Jesus reafirma sua coragem não apenas na expressão de suas opiniões para sua comunidade, mas também pela resistência em se assumir escritora, poeta e leitora quando toda ordem social dizia que ela não poderia e diante daqueles que explicitamente viam como criminosa uma mulher negra que tomava para si esse lugar e essa relação íntima com a literatura. Perseguição pautada pelas questões racial e socioeconômica, que silenciava sua palavra e sua intelectualidade, vistas como ameaças ao *status quo*.

Esse espírito pautado na palavra, na voz, no feminino, no periférico, no corpo negro encontra eco na produção poética do movimento do *slam*, que também entende a poesia falada como instrumento de luta e de denúncia e que ocupa os espaços públicos para desafiar estruturas de poder e, principalmente, narrativas dominantes.

Retornando à questão do marginal na literatura, é interessante a discussão realizada pelos próprios poetas do movimento do *slam* sobre o termo. Dall Farra (2017), em entrevista ao canal no YouTube "Mulheres de Luta", afirma:

> O ato de você ser um poeta marginalizado significa que você enfrentou diversas barreiras até pegar essa caneta e escrever seu poema no papel. Porque você escreve sua verdade, sua realidade, seu cotidiano dentro da favela. Para esse menor da favela, essa mina da favela chegar ao ponto de ter essa caneta na mão e passar aquela vivência para o papel, ele já ultrapassou várias barreiras, já ultrapassou a barreira do tráfico, já ultrapassou o genocídio do povo negro, ultrapassou a falta de educação na periferia, na favela. Então é um movimento de resistência que perpassa vários descasos do Estado.

A declaração da poeta é pertinente para ampliarmos a discussão sobre o "marginal" na literatura. Se até aqui observamos uma visão sobre o ser poeta marginal como uma alcunha que reflete um engajamento e um posicionamento frente à exclusão dessas vozes do circuito literário e da própria historiografia literária canônica, temos agora um nome que reforça os processos de invisibilidade.

Ser poeta marginalizado coloca em destaque, portanto, o oposto de um posicionamento, mas uma visão em que a condição de sujeito socialmente marginalizado é indissociável do fazer e do ser poeta. A circulação do poeta marginalizado nos espaços legitimados da literatura não exclui os preconceitos sociais, o racismo, a percepção de uma presença tolerada, mas bastante incômoda.

A escritora bell hooks (1995), em seu texto "Intelectuais negras", afirma, tendo como ponto de partida sua experiência pessoal, que o espaço intelectual é um espaço tradicionalmente visto e reservado ao homem branco. Desse modo, a atividade intelectual pensando ainda nas intersecções de raça, classe e gênero, não é vista como algo próprio, sobretudo às mulheres negras. Por extensão, podemos depreender que tanto o trabalho intelectual quanto o artístico, numa acepção de serem eles também um lugar de produção intelectual, não são espaços seguros para negros, especialmente para mulheres negras.

Carol Dall Farra e Carolina Maria de Jesus refletem sobre a condição de mulher negra e periférica não apenas em sua produção literária, mas em seu pensamento crítico acerca da sua produção. bell hooks (1995, s/p.) ainda afirma que

> [...] o conceito ocidental sexista/racista de quem e o quê e um intelectual que elimina a possibilidade de nos lembrarmos de negras como representativas de uma vocação intelectual. Na verdade, dentro do patriarcado capitalista com supremacia branca toda a cultura atua para negar as mulheres a oportunidade de seguir uma vida da mente torna o domínio intelectual um lugar interdito. Como nossas ancestrais do século XIX só através da resistência ativa exigimos nosso direito de afirmar uma presença intelectual. O sexismo e o racismo atuando juntos perpetuam uma iconografia de representação da negra que imprime na consciência cultural coletiva a ideia de que ela está neste planeta principalmente para servir aos outros. Desde a escravidão até hoje o corpo da negra tem sido visto pelos ocidentais como o símbolo quintessencial de uma presença feminina natural orgânica mais próxima da natureza animalística e primitiva.

Assim, o corpo da mulher negra é um espaço interdito para o exercício da intelectualidade na visão de uma sociedade racista, sexista e patriarcal. Todavia esses corpos periféricos resistem a esse apagamento e objetificação quando assumem para si esse lugar de poetas e intelectuais. Dessa forma, pensar o poeta marginal é pensar também o poeta marginalizado.

Ser poeta apenas é um privilégio. Essa face dupla da discussão deve sempre ser evidenciada para que não se perca de vista o espaço conquistado dentro dos estudos literários. A própria adjetivação do sujeito poeta como marginal ou marginalizado já coloca em questão uma concessão de fala ao outro, situando a produção poética desses grupos como uma transgressão de um conhecimento ou saber legitimado guiado por padrões eurocêntricos que tentam aliciar para o conceito de "qualidade" características que excluem os saberes ligados ao oral ou à experiência desses indivíduos.

A discussão apresentada aqui teve como ponto de partida as categorias do cânone literário e da história da literatura brasileira para pensar a produção poética do *slam* e, em especial, a concepção de marginal e a possibilidade de constituição de uma tradição dentro da literatura que se reconecte pela ancestralidade.

A voz feminina, periférica e negra exemplificada pela escritora Carolina Maria de Jesus e pelas poetas negras do *slam*, na figura da poeta Carol Dall Farra, permite entender a poesia e a literatura como portas de abertura para refletir crítica e politicamente sua posição em sociedade e o desafio às narrativas e vozes dominantes.

Esses sujeitos exigem uma história que os tornem visíveis, permitindo identidade, representatividade e tradição. Ao final, a construção de uma história possível da nossa literatura não seguirá ordens e tradições postas, mas reinventar-se-á com novas narrativas e novas conexões significativas para o resgate de uma ancestralidade literária e poética. Uma história também contada por palavras e vozes incansáveis. Vozes que têm um lastro na construção histórica do nosso país, como coloca em entrevista à TV Brasil a escritora Conceição Evaristo (2010)[2]:

> Quando estou escrevendo e quando outras mulheres negras estão escrevendo, me vem à memória a função que as mulheres africanas - dentro das casas-grandes, escravizadas - tinham de contar histórias para adormecer a casa-grande. Eram histórias para adormecer. Nossos textos tentam borrar essa imagem. Nós não escrevemos para adormecer os da casa-grande, pelo contrário, é para acordá-los dos seus sonos injustos.

---

[2] Disponível em: http://tvbrasil.ebc.com.br/estacao-plural/2017/06/nao-escrevemos-para-adormecer-os--da-casa-grande-pelo-contrario-diz-conceicao. Acesso em: 12 mar. 2024.

Falamos, portanto, de uma história que incorpora saberes ancestrais, como o presente no ideograma "sankofa", tradicionalmente pertencente aos povos de língua Akan: esse ideograma afirma que não é vergonha ou tabu voltar atrás e buscar o que se esqueceu, olhar o passado para preservar o futuro. Essa é a história que se anuncia.

REFERÊNCIAS

BLOOM, H. *The western canon*. New York: Harcourt Brace & Co., 1996.

CANDIDO, Antonio. *Formação da literatura brasileira*: momentos decisivos. 6. ed. Belo Horizonte: Itatiaia, 2000.

SOUZA, Roberto Acízelo de. *Historiografia da literatura brasileira*: introdução. São Paulo: É Realizações, 2018.

CUTI, Luiz Silva. *Literatura negro-brasileira*. São Paulo: Selo Negro, 2010.

DALL FARRA, Carol. *A poesia de Mc Dall Farra*. *In*: Canal Mulheres de Luta. 11 set. 2017. Disponível em: https://youtu.be/vd3KuMD90pg. Acesso em: 10 mar. 2024.

ENTREVISTA À TV BRASIL. Entrevistada: Conceição Evaristo. Entrevistadora: Bárbara Araújo Machado. Rio de Janeiro, 30 set. 2010. Disponível em: http://tvbrasil.ebc.com.br/estacao-plural/2017/06/nao-escrevemos-para-adormecer--os-da-casa-grande-pelo-contrario-diz-conceicao. Acesso em: 12 mar. 2024.

FARIAS, Tom. "Língua de fogo". Revista *Quatro cinco um*, n.º 48, agosto de 2021, São Paulo, p. 22-23.

HOLLANDA, Heloísa Buarque. *26 poetas hoje*. Rio de Janeiro: Aeroplano, 2007.

HOLLANDA, Heloísa Buarque. Heloisa Buarque de Hollanda: a poesia, ninguém segura mais. *Tribuna de Minas,* 24 jan. 2021. Disponível em: https://tribunademinas.com.br/noticias/cultura/24-01-2021/heloisa-buarque-de-hollanda-a-poesia-ninguem-segura-mais.html. Acesso em: 6 set. 2024

HOOKS, Bell. Intelectuais negras. *Estudos Feministas*, Florianópolis, ano 3, p. 464-478, 2º sem. 1995.

MARTINS, Leda. *Performances da oralitura*: corpo, lugar da memória, Santa Maria, v. 25, p. 55-71, 2003.

REIS, Roberto. Cânon. *In*: JOBIM, José Luís (org.). *Palavras da crítica*. Rio de Janeiro: Imago, 1992. p. 65-92.

OS OUTROS NA REAPARIÇÃO ESPECTRAL DO EU: O SUJEITO CITACIONAL DE *POESIA É RISCO*

Gabriel Costa Resende Pinto Bastos dos Santos

A poesia do paulista Augusto de Campos é, argumentar-se-ia sem oposição contumaz, a que melhor cristalizou a inventividade buscada quase teleologicamente pelas vanguardas da primeira metade do século XX. Isso se fia não apenas em sua centralidade para o movimento concretista nas décadas de 50 e 60, mas na solidez por muitos decênios, mesmo após o fim histórico do concretismo enquanto movimento programático, de um projeto estético imbuído de um senso de coerência e evolução.

Conversando criticamente com as transformações do contexto sem abrir mão do diálogo com o próprio texto e suas metamorfoses indefectíveis, a coerência desse projeto pode ser rastreada do poemário inaugural *O rei menos o reino* (1951) às publicações mais recentes em forma de *post* em redes sociais. Isso dito, tal inventividade não pode ser atribuída aos caprichos de um espírito criador que *ex nihilo* conceberia do zero estruturas poéticas renovadas, sustentando-se em uma propalada "originalidade" sob a égide da qual se fundaria sua singularidade poética. Cunhemos uma frase-tese que guiaria o fio de pensamento do nosso texto, facultando-nos a remissão a ela sempre que um imbróglio ameace se formar: a invenção não é necessariamente "original".

Naturalmente, estamos chovendo em um terreno em que a crítica norte-americana Marjorie Perloff já encharcou. Dando continuidade a uma tendência cujos precursores modernos seriam Ezra Pound e o T. S. Eliot, de *The Waste Land*, verificar-se-ia uma tendência na poesia a ceder espaço para "a apropriação, a restrição elaborada, a composição visual e sonora e a dependência da intertextualidade" (Perloff, 2013, p. 41).

Segundo Perloff, a busca incansável pela originalidade por via da expressividade individual, tentando alcançar a singularidade da voz de um sujeito lírico (ou seja, o paradigma romântico por excelência), é substituída gradualmente por uma ética que priorize o trabalho e o retrabalho com a materialidade do texto, que fomente o uso interessado e a reorganização de citações de obras alheias ou autocitações, isto é, criando modelos de inscrição do outro em suas próprias criações ou de atualização/anulação de uma versão pregressa de si próprio.

A citacionalidade, uma "dialética de remoção e enxerto, disjunção e conjunção, sua interpenetração de origem e destruição", seria central para o novo século (Perloff, 2013, p. 48) e teria tido a sua semente plantada pela obra, entre outras, dos poetas concretos do Brasil, em especial a do trio Noigandres (Augusto de Campos, Haroldo de Campos e Décio Pignatari).

De forma determinante, o paradigma da "não originalidade" encontra esteio em práticas correlatas ao universo teórico dos concretos, como a fundamentação verbivocovisual de seus poemas ou de suas teorias de tradução marcadas pela especificidade e pelo neologismo, das quais surgiram ideias-processos centrais às produções maduras de Haroldo de Campos e Augusto de Campos, e.g. a "intradução", que altera livremente a estrutura e a forma visual do original – notadamente a sua tipografia e disposição gráfica –, e a "transcriação", como teoriza um benjaminiano Haroldo. No universo desses poetas, a prática tradutória é mais uma modalidade estética capaz de convívio pleno com outras formas e procedimentos, vertente partícipe de um escopo de pensamento e criação muito amplo e diversificado.

Parece-nos acertado quando Haroldo de Campos indica que traduzir é transcriar – o tradutor também é um criador, um "autor", e o resultado de seu trabalho coexiste com o estritamente "autoral" na obra ampla de um poeta que traduz (ou de um tradutor que poetiza) (Campos, 2011). Não se trata apenas de estabelecer uma ligação entre atividades mutuamente benéficas: trata-se, antes, de encontrar, em seu seio, uma indiscernibilidade na prática. A escrita e a tradução podem convergir sob as asas conceituais da citação, colocando-se como modos complementares de citacionalidade.

O teórico francês Antoine Compagnon não pesquisou o concretismo, mas estudou a citacionalidade na literatura anos antes de Perloff. Sua reflexão navega um pouco além para achar uma chave, equiparando o ato de escrita ao da citação, porquanto este último é que promoveria a verdadeira conjunção entre a leitura e a escritura:

> Escrever, pois, é sempre reescrever, não difere de citar. A citação, graças à confusão metonímica a que preside, é leitura e escrita, une o ato de leitura ao de escrita. Ler ou escrever é realizar um ato de citação. A citação representa a prática primeira do texto, o fundamento da leitura e da

> escrita: citar é repetir o gesto arcaico de recortar-colar, a experiência original do papel, antes que ele seja a superfície de inscrição da letra, o suporte do texto manuscrito ou impresso, uma forma da significação e da comunicação linguística (Compagnon, 1996, p. 41).

A defesa da nuclearidade da citação é quase radical e tão entranhada na natureza profunda do trabalho verbal que se torna incompatível com uma tentativa de síntese conceitual: "a substância da leitura (solicitação e excitação) é a citação; a substância da escrita (reescrita) é ainda a citação. Toda prática do texto é sempre citação, e é por isso que não é possível nenhuma definição da citação" (Compagnon, 1996, p. 41). A asserção pode parecer críptica ou débil, mas faz sentido se o debate subordinar-se à dinâmica dos procedimentos estéticos. O asseverado por Roland Barthes (2004, p. 62, grifo do autor) é uma apologia ainda mais radical da citacionalidade:

> Sabemos agora que um texto não é feito de uma linha de palavras a produzir um sentido único [...], mas um espaço de dimensões múltiplas, onde se casam e se contestam escrituras variadas, das quais nenhuma é original: o texto é um tecido de citações, oriundas dos mil focos da cultura. À semelhança de Bouvard e Pécuchet, esses eternos copistas, a uma só vez sublimes e cômicos, e cujo profundo ridículo designa *precisamente* a verdade da escritura, o escritor pode apenas imitar um gesto sempre anterior, jamais original; seu único poder está em mesclar as escrituras, em fazê-las contrariar-se umas pelas outras, de modo que nunca se apoie em apenas uma delas.

Mesmo que o termo "citação" tenha uma definição formal estável, dicionarizada, há um poliedro de propósitos funcionais atribuíveis – por exemplo, a função de erudição, a invocação de autoridade, a função de amplificação ou a função ornamental, previstas por Stefan Morawski (Compagnon, 1996, p. 67). Um poeta como Augusto de Campos realiza várias: plasmando direta ou indiretamente os autores de seu paideuma[1]

---

[1] Segundo Augusto de Campos, lendo Pound, paideuma é a "ordenação do conhecimento de modo que o próximo homem (ou geração) possa achar, o mais rapidamente possível, a parte viva dele e gastar um mínimo de tempo com itens obsoletos" (Campos, 1989, p. 11-12). No contexto da pedagogia concretista, trata-se de um recorte sincrônico e transistórico de nomes autorais cuja autoridade e criatividade forrariam e impulsionariam a produção mais inventiva dos novos tempos. Configurava-se, à época de sua conceituação por Pound e incorporação pelo trio Noigandres, como um modo de relacionar-se com a tradição contrastante com o reconhecimento de linhas evolutivas e estilos epocais que orientam o estudo do cânone.

como balizas, fazendo-os autoridade invocada e signo de erudição *pari passu*, e integrando-os ao seu próprio projeto como "ornamento" (não no sentido pejorativo de enfeite ou penduricalho, mas de diálogo estético, intelectual, "ornamento dialético").

A influência antropofágica, tal qual foi desenhada pelo irmão-parceiro Haroldo de Campos, subsidia esses ideais e serve tanto de diretriz quanto de chave para a formação da cultura nacional:

> A "Antropofagia" oswaldiana [...] é o pensamento da devoração crítica do legado cultural universal, elaborado não a partir da perspectiva submissa e reconciliada do bom selvagem (idealizado sob o modelo das virtudes europeias no Romantismo brasileiro de tipo nativista, em Gonçalves Dias e José de Alencar, por exemplo), mas segundo o ponto de vista desabusado do "mau selvagem", devorador de brancos, antropófago. Ela não envolve uma submissão (uma catequese), mas uma transculturação; melhor ainda, uma "transvaloração": uma visão crítica da história como função negativa (no sentido de Nietzsche), capaz tanto de apropriação quanto de expropriação, desierarquização, desconstrução. Todo o passado que nos é "outro" merece ser negado. Vale dizer: merece ser comido, devorado (Campos, 1992, p. 234-235).

Além disso, cumpre frisar que a "função" da citação tal qual o entendimento de Compagnon está imbuída de significação histórica:

> A função é um valor em que uma época investiu; uma intensidade ou uma combinação particular, historicamente condensada de valores próprios; uma instituição cuja consequência é que toda citação, em um certo universo de discurso em que sua função é suspensa, vê seu suplemento, suas possibilidades de sentido limitadas, talvez abolidas, como se ela não pudesse ter ao mesmo tempo senão uma e apenas uma única função. A função é o que estabiliza a dinâmica da citação e a reconduz ao equilíbrio (Compagnon, 1996, p. 68).

Seguindo o entendimento do professor Leonardo Villa-Forte, teríamos que cuidar um pouco da terminologia que empregamos anteriormente: a citação *stricto sensu* é algo distinto do *mash-up*, da bricolagem, da "apropriação" tal qual foi entendida e praticada pelos dadaístas, cubistas, modernistas (estadunidenses e brasileiros) e também concretistas, como exposto no enxerto haroldiano citado, pois "quando falamos em citação falamos daquele trecho previamente escrito que é reproduzido com a finalidade de ilustrar uma ideia, reforçar um posicionamento – aumentar o volume de sentido de certa afirmação, além de lhe conferir autoridade" (Villa-Forte, 2019, p. 27).

Augusto de Campos certamente faz miríades de citações, denotando uma responsabilidade com fontes e procedências que torna o contato especializado com sua obra, em geral facilitado por uma genealogia rastreável: a questão das influências sempre foi muito transparente nos poetas concretos, seja pelas funções de autoridade e erudição (como supradito), seja pela necessidade de fincar raízes e promover resgates historiográficos. A tentativa de inserção numa linha de força, empenho mais notório depois da década de 60, será uma preocupação dos textos crítico-teóricos dos concretistas *após* o concretismo: mais do que nunca, seria uma questão ética de certa premência para os poetas-críticos reconhecer seu legado retrospectivo para assegurá-lo prospectivamente.

No entanto, no espírito das vanguardas de que o poeta é herdeiro e de que fez parte ao mesmo tempo, é inegável que, se considerarmos a diferença terminológica entre citação no sentido estrito e "apropriação" como é formulada por teóricos modernos diante do desgaste da originalidade romântica, o paulistano segue principalmente o caminho menos ortodoxo (e muito mais criativo e flexível) da segunda variante, quando o fragmento de autoria alheia é reproduzido "para ser uma das partes integrantes do trabalho, no mesmo nível de outros trechos" e "não é utilizado para esclarecê-los ou reforçá-los" (Villa-Forte, 2019, p. 27).

O que defendo aqui, sem novidade, é a importância da citação e da remixagem na obra de Augusto de Campos. Sem subserviência aos seus grandes modelos e sem se acanhar na reutilização constante de materiais, inclusive os próprios, o poeta construiu uma obra marcada pelo perene diálogo com o contemporâneo e o extemporâneo, o vernáculo e o estrangeiro, sempre atualizados dentro do sistema linguístico multimidiático e poliglota provido pelo artista concreto.

Ao mesmo tempo, um movimento importante na obra de Augusto de Campos, relacionado a um estrato menos aparente em relação às suas características visuais conspícuas, é aquilo que venho chamando de "revocalização do *logos*", reformulação conceitual a partir da senda aberta por Adriana Cavarero (2011) e Leonardo Davino de Oliveira (2014). Com revocalização do *logos*, *grosso modo*, refiro-me a uma contratendência que, na contramão do predomínio histórico do valor semântico sobre as qualidades materiais da voz – logocentrismo irmanado pelo fonocentrismo semântico e pelo grafocentrismo reinantes no Ocidente desde a popularização da imprensa e a institucionalização da literatura –, acentuaria a importância qualitativa da matéria da voz, dos sentidos outorgados pela *phoné* mesmo na ausência da *semantiké*.

Em termos práticos, isso implica enfatizar o **voco** na vocoperformance que se põe na origem da expressão poética tradicional, sendo, inclusive, a sua forma dominante da idade clássica até o fim do medievo, como um elemento corpóreo e sonoro que escapa às restrições da palavra impressa e muda. Olhando especificamente para a obra de Augusto de Campos, significa evidenciar uma leitura do projeto verbivocovisual, palavra-valise que serviu de fundamentação e meta para os concretos, que esclareça esse -voco- não somente enquanto dimensão musical do poema, mas também enquanto demanda vocoperformática, desejo implícito de voz física.

Aqui, uma inflexão de relevo é o contato com os tropicalistas já na década de 60. Sabemos que "se a poesia concreta pôde oferecer toda uma série de técnicas na manipulação de imagens, não podia fazê-lo com relação a um corpo que havia excluído, tanto sob formas subjetivas como de referência ou de performance corporal" (Aguilar, 2005, p. 153). Em contrapartida, os tropicalistas podiam e ostentavam uma fisicalidade que não se eximiria de influir e modular a concepção de performance de poetas como Augusto de Campos. Essa consciência corporal fortificada pelo contato próximo com os líderes intelectuais e artísticos da Tropicália, alinhada ao interesse natural de Augusto de Campos por música,[2] encontraria seus melhores frutos, seus próprios "araçás azuis", algumas décadas depois.

Acerca dessa interpenetração de influências, poder-se-ia aventar um palpite arriscado: Augusto de Campos contribuiu para a consciência da língua em artistas como Caetano Veloso e Torquato Neto, ao passo que eles retribuíram com uma repristinada consciência do corpo e de suas reverberações culturais. Digno de nota, pensando igualmente na importância processual da citação, é como as palavras do paulistano, na década de 60, sobre as primeiras canções de Veloso, podem ser direcionadas, sem

---

[2] Livros que coligiram textos de Augusto sobre o assunto: Balanço da bossa e outras bossas (1974), Música de invenção (1998) e Música de invenção 2 (2016).

prejuízo de sentido, à parte veridicamente verbivocovisual de sua própria criação, pois ambos os repertórios presentificam realidades brasileiras ou cosmopolitas "através da colagem criativa de eventos, citações, rótulos e insígnias do contexto. É uma operação típica daquilo que Lévi-Strauss denomina de bricolage intelectual" (Campos, 1978a, p. 163).

Destacar esse aspecto do legado de Augusto de Campos cai como uma luva no argumento da citacionalidade de sua obra, pois é em um projeto como o CD-livro *Poesia é risco* (1995) – produzido com o filho Cid Campos na esteira de um espetáculo itinerante de grande sucesso no ano anterior (1994) e no qual se afigura um poeta mais corporal do que nunca – que a interação entre texto original, apropriação, tradução e performance de texto alheio possibilita de forma mais veemente uma unidade múltipla, una em sua diversidade. Inspirado pelo magnetismo de amigos-parceiros como Caetano Veloso e Cid Campos, Augusto de Campos transforma-se em elo, em ímã artístico, como o Oswald de Andrade antropófago antes de si, tanto pelas palavras (sem surpresa: versejadas ou atomizadas ou desconstruídas ou reinventadas) quanto pelas cordas vocais (com surpresa: vibrantes e canoras).

Como último vértice do triângulo de problemáticas inquirido por este estudo, ao lado da questão da singularidade do texto (mesmo quando apropriativa) e da voz (mesmo quando emudecida "de fábrica"), apresenta-se a singularidade da própria subjetividade que, apagada programaticamente no período de ortodoxia do concretismo enquanto neovanguarda, "possibilitou uma autonomização da linguagem poética, que anulava o sujeito e convertia o texto em uma estrutura autossuficiente" (Aguilar, 2005, p. 272). Essa seria a "desaparição elocutória do eu", prevista em Mallarmé, "o primeiro [que] viu a necessidade de colocar a própria linguagem no lugar daquele que era até então considerado seu proprietário" (Barthes, 2004, p. 59).

Em Augusto de Campos, essa desaparição pode ser lida como a busca da preponderância fenomenológica do discurso verbal, enquanto órgão estético autônomo, sobre o seu sujeito, junto a todas as marcas líricas e dêiticas de sua presença. Contudo essa pretensão a uma poesia sem a marcação de um "eu", pois concebida como estrutura independente que abdicaria desse referente, revelar-se-ia ilusória se levada a termo em sua idealização mais radical. Primeiramente, concordo com o que afirma Eduardo Sterzi (2004, p. 101) sobre um índice de sujeito por toda via inapagável dos poemas de Campos:

> Se a "desaparição elocutória do poeta" parece, por um lado, inevitável, porque corresponde a um contexto histórico de dissolução das noções clássicas de individualidade, subjetividade, identidade, por outro, ao poeta não é dado apenas dobrar-se aos fatos. Seu trabalho não é somente reproduzir, mas também produzir realidade: seus poemas contêm uma ou várias das respostas possíveis para a questão do que é o sujeito hoje, do que será amanhã e depois de amanhã.

Segundamente, alongando a assertiva do pesquisador, apontaria que Augusto de Campos nunca se desfez inteiramente "de si" em sua obra poética, mesmo que sua subjetividade fosse reportada como negatividade ou distância (Aguilar, 2005, p. 174). E a sua faceta vocoperformática e citacional, consolidada por *Poesia é risco*, é a que melhor expressa aquilo que Aguilar (2004) chamou de "reaparição espectral do eu", que se seguiria à desaparição intentada.

Entretanto, se a reflexão de Aguilar era nascida da percepção da opacidade do sujeito em Campos, que "mal se mostra sobre a superfície da página, volta a fundir-se nela" (Aguilar, 2004, p. 48), refiro-me à sua presença empírica, física, postada em um palco e na gravação em disco. A sua espectralidade proviria da plêiade de vozes que conjura pela performance, sua *bricolage* à moda modernista, oferecendo aos espíritos do cânone e do contracânone um recipiente carnal: Augusto de Campos.

Contudo, mais do que mero receptáculo de vontades estéticas outras, esse sujeito poético, aprendiz confesso de Oswald de Andrade, transmuta-se em devorador, deglutidor, como bom antropófago: engole os espectros, dentre os quais ele próprio (elocutoriamente desaparecido e reaparecido?), em um gesto de assimilação pensada para o seu projeto e o seu paradigma criador, que não são os mesmos do concretista das fases ditas "heroica" e "participante" do movimento que integrava, pelos idos das décadas de 50 e 60.

É o projeto, agora, de um poeta plenamente consciente de sua singularidade e de sua voz, no sentido lato. E que declama. E que canta seus versos e outros. O grande aedo, sem deixar de sê-lo, assume e valoriza a tarefa do rapsodo – torna-a parte integrante de seu ofício. Para Flora Süssekind (2002), esse "desdobramento poético-perspectivo" é o corolário de uma poética marcada por variadas formas de dialogização, seja pelos processos composicionais peculiares, como os profilogramas e as intraduções, seja pela atitude (re)criativa com seu paideuma eleito.

Em *Poesia é risco*, esse sujeito citacional, desvelado por uma revocalização do *logos*, forma uma unidade espectral prevista na conciliação entre a voz, o canto, o índice performático, a obra autoral e, enfim, a remissão ou incorporação crítica do outro, integração apropriativa do alheio como mecanismo de consolidação da própria identidade poética.

Com o fito de demonstrá-lo, analisei diversos modos de figuração desse fenômeno no CD-livro de Augusto de Campos e Cid Campos, começando pela tradução-monstro, que dividimos em tradução, formato mais convencional e versão mais fraca do "monstro", e intradução, a modalidade mais criativa do trabalho tradutório de Augusto de Campos. Depois, passei à performance paidêumica, à citação como núcleo composicional de poemas e à autocitação. Essa breve catalogação, não exaustiva, é uma pequena amostra de um artesanato poético em que o Eu funde-se com o Outro e, assim, paradoxalmente distingue-se e torna-se inconfundível.

TRADUÇÃO-MONSTRO

Em detrimento das noções concretistas de tradução-arte e transcrição, optei, para açambarcar as práticas predominantes de tradução presentes em *Poesia é risco*, por uma verbivocovisual *tradução-monstro*, o que poderíamos alcunhar "deformação criativa" do objeto original, plasmando um novo artefato monstruoso (por extensão, desafiador de categorias preestabelecidas) e que teria por norte a necessidade de adequação, na chegada, a um modelo preconcebido por moldes estilísticos e volitivos do tradutor.

Não se trata somente de paródia, mas de uma recriação que, contemplada a exegese atenta do texto original, transpõe para novos parâmetros estéticos um objeto potencialmente proveniente de todas as localizações espaciais e temporais, em atitude mais radical e livre, conformada à própria noção fundamental de monstruosidade prismada como transgressão e interdição (Cohen, 2000). Em outros termos, a textualidade da tradução-monstro é espécie de derivação metafórica do arquétipo cultural do monstro, transpondo seus pressupostos ontológicos para a base de sustentação da arquitetura tradutória.

Nesse caso, a iconicidade visual da intradução de Augusto de Campos não é referida como exemplar da "arte", mas do "monstro": deformação tipográfica e manipulação material do texto traduzido que ultrapassam os limites convencionais da flexibilidade semântica imprescindível ao trânsito entre línguas. Essa tradução-monstro está aparentada com o monstruoso encontrado nas versões de Antígona, por Hölderlin, e na "tradução luciferina" postulada por Haroldo de Campos ao ler Walter Benjamin (o seu maior "guru" em filosofia da tradução). Ademais, definindo "a plagiotropia" como reencenação da originalidade, por meio da *différance* derridiana, por meio de um "impulso usurpatório que no sentido da produção dialética da diferença a partir do mesmo" (Campos, 2022, p. 205), Haroldo apresenta um motivo fecundo para a passagem ao primeiro plano, no plano da invenção, da citacionalidade:

> A ênfase benjaminiana na primazia arquetípica das "monstruosas" traduções hölderlinianas permite-nos dar um passo mais adiante e ultimar a sua teoria, revertendo a função angélica do tradutor numa empresa luciferina. [...] Em vez de render-se ao interdito do silêncio, o tradutor-usupador passa, por seu turno, a ameaçar o original com a ruína da origem. Esta, como eu a chamo, a última *hýbris* do tradutor luciferino: transformar, por um átimo, a original na tradução de sua tradução. Reencenar a origem e a originalidade como plagiotropia: como "movimento infinito da diferença" (Derrida); e a mímesis como produção mesma dessa diferença (Campos, 2015, p. 56, grifo do autor).

Cabe citar, o uso de "monstro" não tem sua justificativa de uso reduzida à implicância revisionista em relação à "tradução-arte", mas aufere também um aspecto suplementar (o que, enfim, valida a significância de sua adoção): por meio dele, remonta-se à noção de "letra monstro", própria do jargão de letristas, cancionistas e demais profissionais da música. Tê-lo em vista impossibilita a confusão entre tradução-monstro e tradução monstruosa, de valor negativo, como a pecha recebida pelas incursões de Odorico Mendes na área no século XIX.

Letra monstro é uma antiga estratégia de marcação rítmico-melódica de versos, frequentemente desprovidos de nexo gramatical, feita com o intento único de harmonizar canto e melodia instrumental: um esboço de estrutura antes que se redija a legítima letra da canção. A técnica interessa na medida em que exterioriza, em sua própria concepção, a inversão de uma hierarquia quase estrutural de prioridades: em contraponto a uma forma de poesia que privilegie o verbal semântico, paradigma da poesia do papel, a canção prioriza o arranjo melódico com a voz, independentemente do sentido e da estrutura sentencial morfossintática esperada. Ou seja, prepara-se o esboço da canção com recursos como o murmúrio *nonsense* e o vocalise antes de delinear-se um sentido lógico na letra. O cancionista e linguista Luiz Tatit, analisando o livro *Como funciona a música* (2014), de David Byrne, oferece um panorama da utilização tradicional do "monstro":

> Mesmo enquanto ainda opera com vogais ou consoantes aleatórias preenchendo suas melodias, o autor já identifica a presença da intensidade ("tanta paixão"), só não sabe a que significado (ou aspecto da "vida real") se refere. Essa busca estende-se às etapas seguintes, quando as sílabas são reunidas em palavras que, na combinação geral, ainda não fazem sentido. Segmentam a sonoridade melódica, mas sem estabelecer uma coerência interna. É a sonoridade que continua a prevalecer sobre o conteúdo em formação. As sílabas empregadas em vocalises, as vogais tonificadas, as terminações de frase e as interjeições sugerem assonâncias, rimas e aliterações que servirão de matrizes para as palavras definitivas. Isso porque, para Byrne, mesmo as "palavras de verdade" ainda não são definitivas nem deixam de ser aleatórias num primeiro momento, visto que exercem funções semelhantes às das sílabas na fase inicial da composição: apenas oferecem as medidas e os pontos de acentuação que servirão de referência para a criação da letra final.
> Em outros tempos, antes do gravador portátil, esses textos formados de palavras desconexas, mas com precisão rítmica em relação à melodia, serviam de guia para a criação da letra. Eram conhecidos como "monstros" pela desarticulação sintática e inconsistência semântica. Se as novas tecnologias fizeram desaparecer o termo e a prática rudimentar de outrora, a forma de composição predominante ainda se baseia na progressiva extração de uma letra que se encontra impregnada no modo de dizer – ou nas entoações – inerente(s) à melodia (Tatit, 2016, p. 17).

No contexto de nossa discussão, pensar modelos técnicos como o "monstro" leva-nos a reflexões teóricas mais históricas. Paul Zumthor, comentando a herança de práticas medievais na gênese da canção popular, atestava como a poesia da voz tinha características particulares desde o seu processo de composição até o seu percurso evolutivo:

> Enquanto vocal, a performance põe em destaque tudo o que, da linguagem, não serve diretamente à informação – esses 80%, segundo alguns, dos elementos da mensagem, destinados a definir e a redefinir a situação de comunicação.

> Decorre daí uma tendência de a voz transpor os limites da linguagem, para se espalhar no inarticulado; geralmente reprimida pelo costume, essa tendência triunfa nas formais mais livres do canto. A técnica que consiste em integrar no texto poético puros vocalises se manteve durante séculos, até o começo do século XVI, e se prolongou na canção dita popular (Zumthor, 1993, p. 166).

Nesse território, tão importante quanto a criatividade na língua-alvo é a voz material de quem entoa/declama/canta o texto novo. Embora a técnica não tenha parentesco óbvio com o *modus operandi* camposiano na tradução, evoquei esse outro sentido de "monstro", ligado à área da composição musical, para assinalar a axialidade da dimensão vocoperformática na operação estética (e sonoplástica) que chamamos de tradução-monstro.

Tradução

Em uma das faixas de *Poesia é risco*, Augusto de Campos declama a sua tradução do *Soneto das vogais*, poema do simbolista francês Arthur Rimbaud. A julgar pelo encarte, trata-se de um formato tradicional de tradução, sem grande reelaboração do ponto de vista visual. Talvez porque esse aspecto fale por si na obra de Rimbaud, como observa Augusto a partir de Pound: "o Rimbaud de Pound era, não o visionário, mas o visualista, o *fanopaico*, das imagens concretas e precisas, o 'Rimbaud quase Catulo'" (Campos, 2002, p. 13). "Imagens **concretas** e precisas", destaquemos.

Não é uma escolha casual, gratuita, a inclusão da vocoperformance desse trabalho tradutório no disco. Afinal, é Rimbaud quem dirá que "eu é um outro", camaleônico, abrindo as portas para a modernidade em poesia. Nas palavras do próprio Augusto de Campos, aquele

> [...] que desestabiliza a semântica poética com as associações insólitas de sua imaginação e a violência do seu vocabulário, corrói os limites entre prosa e poesia, consciente e inconsciente, e prepara as investidas da parataxe que caracterizarão o discurso poético moderno (Campos, 2002, p. 20).

Para o concretista, a contribuição de Rimbaud reside, sobretudo, em sua linguagem, no tratamento completamente inovador e destemido da linguagem, que a orienta para as metas de invenção e novidade que fariam a cabeça das vanguardas.

Verbi gratia, o hipercromatismo de *Soneto das vogais*, é um exemplar precoce de *verbivocovisualidade*, faltante tão só a preocupação tipográfica de Apollinaire e Mallarmé: a música dos fonemas é conjurada por uma proposta semântico-estilística que confunde os sentidos ("o desregramento de todos os sentidos"), erguendo imagens excêntricas, retumbantes ou pavorosas a partir do átomo do grafema.

Esse poema implicitamente pede vocalização, pede vocoperformance, mas não de qualquer tipo: apenas uma que considere a coexistência de dimensões significativas do poema, de estratos da formação de seu sentido, e assim reconheça a sua visualidade e a sua vocalidade como elementos indissociáveis e situados no mesmo patamar hierárquico. O negro soa como um A, o verde como um U e o branco como um E. É preciso ler o poema – mas também é preciso ouvi-lo. Ou melhor, seguindo a lição de Décio Pignatari (1989), é preciso ouvê-lo.

Assim, a tradução convencional tirada de *Rimbaud livre*, mais respeitosa do que criativa, é operada como uma (quase) tradução-monstro em *Poesia é risco*, uma vez que enfatiza a sua demanda de voz na performance gravada: a voz que faz enxergar pelo ouvido quando o olho sinestésico engana a cor.

Em *Poesia é risco*, esse soneto alexandrino acompanha mais quatro poemas do simbolista, musicados e performados por Augusto e Cid Campos, como o "Barco Ébrio", que, para Campos, "funde o visionário e o visualista". O que mais neles é valorizado por Campos, além de suas qualidades inerentes, a ponto de incluí-los em seu disco-livro? Ou melhor, qual seria a motivação da inclusão de Rimbaud em seu projeto de oralizações, além do reforço à subscrição a um espírito moderno de que o *enfant terrible* da poesia francesa foi um dos primeiros arautos?

A chave pode ocultar-se na existência multitudinária, múltipla, do poeta simbolista: uma multiplicidade que toma corpo em sua biografia inusual e em sua arte poética (aliás, lembremos que a prosa poética de Rimbaud é quase tão importante quanto sua poesia em versos). Uma vez que *Poesia é risco*, como defendo, é também o emplastro de uma identidade individual por meio da fragmentação de si e da correlata incorporação dos fragmentos do alheio, o axioma "eu é um outro" poderia ser traduzido por "Rimbaud é Campos" ou "Campos é um Rimbaud". Nenhum poeta em nosso século cometeria tal ousadia sem soar ridículo, mas não é um absurdo aventar que essa forma rizomática do eu é uma herança da primeira poesia moderna (Rimbaud, o pioneiro) para os seus signatários de outras eras. A identificação é apenas natural.

Contudo, para que Campos transforme-se em Rimbaud sem deixar de ser Campos, é preciso fazer da dialogização mencionada por Süssekind (2002), dessa estrutura coral (ou, neste caso, dual), uma superposição: jogo que é possível pela presentificação da voz. O intérprete tem o poder de tomar para si aquilo que canta, sem destituir o que é absorvido de suas especificidades e de seu sustento histórico e estético, mas acrisolando-o em uma nova forma, em uma nova seiva vital (por isso, a antropofagia oswaldiana encontra de modo póstero um de seus ápices na experiência "desbundada" dos tropicalistas, com seus gestos essencialmente livres/libertários de incorporação e expropriação).

Campos traduz e canta Rimbaud com suas próprias palavras, em sua própria versão. Os versos são seus e não são seus. É um tributo ao mestre, mas também é uma automenção. A aparente contradição é possibilitada pela performance: eu é um outro, mas o outro está aqui e sou eu.

Intradução

Por meio da intradução, adequando mais ostensivamente o texto original aos moldes verbivocovisuais típicos de própria prática autoral, a dinâmica intentada por Campos entre um "eu" e um "outro" prossegue de modo a apagar o outro para realçar o eu, a alteridade sendo completamente reconcebida por seu tradutor-editor-usurpador. Por outro lado, as escolhas que conformam a intradução servem para destacar elementos do original que justificariam, dentro do paradigma concretista, a sua adaptação verbivocovisual.

Por esse motivo, as intraduções de Augusto de Campos são vistas como parte integrante de sua obra. Mesmo um sacrifício da extrema boa vontade para valorizar merecidamente o trabalho do tradutor, ninguém diria sem receios que *O processo* é um romance de Modesto Carone, tradutor de Kafka, ou que *As flores do mal*, na venerada tradução de Guilherme de Almeida, são poemas de outra pessoa que não Charles Baudelaire. A intradução oculta uma motivação específica: seu objetivo não é transparência ou fidelidade. O respeito toma corpo como liberdade para recriar: o citador é quase um descitador, pois desfaz a aparência do objeto para reconstitui-la com novos focos de sentido, acrescendo ou desocultando novas chaves do molho.

O Tygre (1977) é uma famosa intradução do *Tyger* blakeano, presente em *Poesia é risco* e *Entredados*, na voz de Augusto de Campos e acompanhamento musical de Cid Campos. Essa é, inquestionavelmente, uma intradução, nítido todo o retrabalho gráfico inerente ao processo e produto final (ressalta-se também a contribuição de Julio Plaza, outro importante parceiro artístico de Augusto, responsável pela diagramação, e à pintura mural turca do século XIX, de onde é retirado o desenho), e desvenda sentidos imprevistos na vocalização, integrando-se como "monstro" verbivocovisual.

Na intradução, o *Tygre* termina por encarnar a *"fearful symmetry"* ou a "feroz *symmetrya"*, prevista no original pela repetição estrófica (o poema abre e fecha com a mesma quadra), em dois sentidos: um visual, explicitado na constituição gráfica e tipográfica do texto (e ortograficamente redutível à própria grafia de *simetria* como *symmetria*) e na disposição espelhada das ilustrações plazanianas do tigre; e o outro, na própria relação da tradução com o texto original, projetando um espelhamento bilíngue do *poemonstro*, híbrido de linguagens, sentidos e vozes.

Symmetry/symmetrya é, de fato, a díade de palavras-chave aqui: o tigre verbivocovisual solicita uma simetria que se quer pictórica e textual. Um fracasso anunciado, por mais que se idealize o contrário, já que as relações entre línguas são sempre fundamentalmente assimétricas. Ora, o próprio esquema métrico requer ajustes: o tetrâmetro trocaico do original é transformado em redondilha maior na tradução.

A relação agonística entre um esforço de simetria e um resultado assimétrico, no entanto, toca diretamente o espírito da monstruosidade enquanto desmonte ou imprecisão categorial marcada pelo interstício e pelo impuro (Carroll, 1999). Essa monstruosidade é melhor apreendida pelo ouvido do que pelo olho, incapaz de filtrar as impurezas sem o auxílio dos outros sentidos e modos de percepção. Em atitude ainda mais ideal, a ativação simultânea dos sentidos permite *sentir* o monstro mais do que situá-lo. Escutar Augusto de Campos entoando seu monstro acresce novos contornos às circunvoluções da fera versejada.

Primariamente, assim como o temível *Jaguadarte*, de Carroll (que também foi traduzido por Augusto e publicado em uma edição de *Alice no país das maravilhas*, em 1980), o *Tyger* de Blake é interpretável como monstro no sentido convencional do termo: uma criatura sinistra, impura, para a qual o poema serviria de écfrase moderna. O clima soturno do fundo instrumental, aliado à voz grave e pausada de Augusto de Campos, é ostensivo indício de que o objeto contemplado representa perigo e demanda respeito. A música de Cid Campos concebe uma atmosfera de medo que só é cortada por Augusto de Campos, assertiva e calmamente declamando as estrofes do Tygre, recriando sua imagem lúgubre em postura de desafio pela leitura em voz alta, como se a emissão dos versos transmutasse a vocoperformance em invocação mágica de um felino demoníaco.

O Tygre realiza-se como existência múltipla, renovadora, habitante de fronteiras inalcançáveis por quaisquer tipos de univocidade formal ou normativa. Não é cabível fixá-lo apenas à página, ao desenho, ao verso. O Tygre é verbivocovisual: precisa da voz que o cante. O modo executório da performance e da tradução (que, na tradução-monstro, constituem a dupla face simétrica ou *symmetryca* da mesma moeda) é o que pintará os vazios da imagem misteriosa com as tintas do específico: o tom sinistro de Augusto de Campos e Cid Campos traduz o Tygre como um monstro clássico e enigmático de forte presença, "fiel" ao poema de Blake (podemos aventar que na tradução-monstro a "fidelidade", se a considerarmos como pré-requisito mais ou menos frouxo de todo empreendimento tradutório, é tentativa de adequação de timbre, tom e performance da tradução can-tofalada àquilo que o traduzido tencionava transmitir antes de qualquer submissão a um ideal icástico), enquanto uma entonação mais relaxada, menos formal, poderia reduzi-lo ao avantesma de um gato doméstico. A ética do tradutor é inextricável à ética do performer.

PERFORMANCE PAIDÊUMICA

Ao lado das obras autorais e traduções de Augusto de Campos, *Poesia é risco* também disponibiliza a leitura de poemas lusófonos alheios. Não se pode falar em mera declamação e homenagem, pois a inclusão da performance do texto em português de outro poeta, em um projeto que foca em sua própria trajetória, é revelatória da formação citacional e dialógica por trás do CD-livro.

Se a performance da tradução é um modo de incorporação, o ato de musicar e performar *O verme e a estrela*,[3] do simbolista baiano Pedro Kilkerry, como o fazem Cid Campos e Augusto de Campos, é também adquiri-lo para si. Kilkerry é outro fantasma a compor a estrutura coral-es-pectral (espectrocoral?) de *Poesia é risco*, mas um fantasma que não recebe

---

[3] A versão de Cid Campos para *O verme e a estrela* também foi cantada por Adriana Calcanhotto (com Augusto de Campos) e incluída em seu disco *A fábrica do poema*. Assim, a versão de Calcanhotto recebeu uma gravação antes mesmo de *Poesia é risco*. Em vários shows itinerantes (como o espetáculo de mesmo nome), Augusto, Cid e Calcanhotto estiveram juntos no palco, performando poemas e traduções de Augusto, além do próprio *O verme e a estrela*.

nenhum retrabalho linguístico ou visual. Nesse caso, a sua adaptação é puramente cancional: e essa é propositalmente uma das faixas do disco que, sem dificuldade, podem ser rotuladas como canção.

Augusto de Campos foi quem resgatou Kilkerry da obscuridade com o seu *ReVisão de Kilkerry*, em 1970, mas o verme só pode com garantia colocar-se sob a estrela ao granjear a voz que faculte a sua súplica e a demarcação de sua presença: esse é o gesto final de elevação ao paideuma. Gesto que se veste de escolha eletiva que, subordinada ao projeto de livro e disco, tem sua função performativa de homenagem e de subscrição.

Porém, antes que um contrato de filiação, o que se tem é um encontro transtemporal de afins só exequível na virtualidade "esquisita" (como a "harpa" de Kilkerry) franqueada pela performance. Esquisita porque, ao mesmo tempo em que canta um outro já morto, inatingível, presentifica-o fantasmagoricamente pelo meio mais material possível, o som das cordas vocais, o corpo implícito pela voz ressonante.

Esta é uma citação "de corpo inteiro": um soneto de Kilkerry plasmado em um CD-livro de Augusto de Campos. Por outro lado, não nos esqueçamos, é igualmente um aceno à sua própria trajetória crítico-poética, aos panoramas críticos, resgates históricos e às "revisões" – vide a supramencionada *ReVisão de Kilkerry* e a *ReVisão de Sousândrade* (1964) – que recebem, como contraparte essencial da boca ao olho, as suas revocalizações.

Sem engano, Augusto de Campos continua se colocando como sujeito. Ainda que aqui ele apenas cante (ou entoe/declame, já que o canto propriamente dito, nessa faixa, é tarefa de seu filho), lembremos que o rapsodo, nessa fase de sua produção, parece-lhe tão importante quanto o aedo. Augusto e Cid Campos, dando voz ao simbolista baiano, emulam os músicos tropicalistas quando esses, por exemplo, cantam sambas antigos como tributo e atribuição, assim como formulação de uma teia citacional de influências que desenhe a própria singularidade. O axioma de Rimbaud pode de novo ser mencionado como chave: eu é um outro.

CENTÃO

Vimos que a citação é o próprio processo de feitura artística – isso é particularmente relevante ao trabalho performático, rapsódico, aos músicos que fazem versões, *covers*, e assim absorvem a obra alheia em sua própria prática. Porém isso não é necessariamente novo, ainda que as atitudes estéticas sejam renovadas.

No plano da poesia tradicional, o centão é uma modalidade antiga de formulação textual que tem como núcleo composicional a colagem de versos de outras extrações, compondo-se um novo trabalho com material preexistente. Naturalmente, a fonte seria sempre canônica: se os antigos centonistas baseavam-se nos clássicos, um centonista moderno projetaria outros referenciais. Uma erudição ampla, mas heterogênea, como a do poeta paulista, só poderia gerar uma iteração muito idiossincrática da atividade centonista.

Ora, entre os atos de composição da sua empreitada espectral e verbivocovisual, não poderia faltar a Augusto de Campos um objeto que, ao mesmo tempo que estimulasse essa readequação do outro, também servisse como declaração assumida do valor daquilo que, para a academia e a *intelligentsia* nacional, seria relegado a esculho do cânone poético: a canção popular.

Já passamos a limpo alguns dos modos como Augusto de Campos realiza sua performance. Conquanto amiúde os situe na fronteira entre o entoado e o cantado, talvez nada até aqui seja tão conspícuo quanto *Soneterapia 2* (1986), seu "produssumo" que rearranja, em um soneto, citações diretas de autores como Augusto dos Anjos e Dante Alighieri em companhia de trechos de composições de Tom Jobim, Pixinguinha, Ary Barroso e Orestes Barbosa. Balançando-se entre a bossa nova da música e a bossa clássica das formas fixas, essa *Soneterapia* cura o mal-estar das falsas separações.

Verbivocovisual por excelência, parece-nos que o sentido completo de *Soneterapia 2* depende inteiramente da vocoperformance complexa de Campos, tornando esse poema um representante maior dessa diagnosticada demanda de voz que se expressa como revocalização do *logos*.

No texto ou hipertexto em questão, Augusto de Campos canta e declama, canta-declama, forjando uma espécie própria de entoação, limítrofre entre a voz que entoa sem música e a voz do menestrel que não pode reprimir suas notas. Os enxertos dos sonetos são quase declamados, os enxertos das canções são evocações de suas melodias originais: constituem-se como mesuras reverentes ao original, mas sem a abnegação que se perfaria como imaculada homenagem de tons hagiográficos.

O recorte, o ato de recortar e colar, é violento na forma como remaneja os signos: seja em séries, como os *Popcretos*, na década de 60, ou nesse *Soneterapia 2*, tiram-se as coisas de lugar para que elas assumam nova conformação. O que se procura aviar acima de tudo é a reimaginação criativa das fontes sem que seja preciso redigir um grafema novo sequer, embora se entoem os fonemas.

O embaralhamento de versos heteróclitos em um soneto a fim de cantá-lo é uma decisão estética que ao mesmo tempo questiona, além da divisão arcaica entre a palavra de página e a palavra de voz, uma ideia estanque de cânone, como de praxe em sua trajetória teórica, associando Dante a Pixinguinha sem o embaraço pudico da hierarquização, sem a discriminação altiva dos letrados. Esse é o Augusto de Campos mais tropicalista, mais policultural e polipoético, menos aferrado a uma ideia demasiado tradicional de valor que escamotearia o cantor em prol do escritor: o soneto posta o texto de Dante, Anjos, Barroso, enquanto a Campos, repartido por esses diferentes poetas e por suas diferentes demandas performáticas, tornado o providencial "coro a um" (Süssekind, 2002), cabendo impostar a voz e cantar.

Que o canto venha em seu texto mais significativamente citacional, pois seu trabalho é mais de bricolagem e arrumação do que de escrita "autoral", é apenas mais uma evidência da natureza rapsódica desse sujeito-espectro, fragmentado em expressões autorais múltiplas de tempos múltiplos, cuja unificação virtual é a persona canora desse Augusto poeta-tradutor-cantor de *Poesia é risco*.

AUTOCITAÇÃO

A série *Poetamenos* (1953) marca a ruptura de Augusto de Campos com o verso tradicional praticado em *O rei menos o reino* (1951) e pode ser considerado o primeiro momento seminal do movimento concreto, a primeira vez em que são postas em prática as lições aprendidas com Mallarmé, Pound e Rimbaud (o que coloria as unidades de sentido da língua).

Já nesse primevo exercício de verbivocovisualidade, atente-se a como Augusto introduz seus seis poemas: como aspirações webernianas "à esperança de uma KLANGFARBENMELODIE (melodiadetimbres) com palavras" (Campos, 2023, p. 65). Nesse contexto, os instrumentos são frases, palavras, sílabas, letras, "cujos timbres se definam p/ um tema gráfico-fonético ou 'ideogrâmico'" (Campos, 2023, p. 65).

Som e ouvido são esposados em uma estrutura policromática, poliglota e polivocal, exemplo de composição coral (Süssekind, 2002) que prescreve uma performance a várias vozes em eixos que, teleguiados por meio da cor, criam uma relação que opõe e mescla independência e interdependência entre estruturas dispersas e atomizadas.

Explorando o branco da página (nunca tão contrastante com a cor tipográfica) e abandonando a hipotaxe convencional pela parataxe ideográmica, Augusto de Campos esboça uma reviravolta estilística, sobretudo do ponto de vista visual, que irá influenciar poetas e artistas contemporâneos décadas a fio. Segundo um de seus grandes especialistas internacionais:

> [...] se algo chama a atenção nesses poemas é a falta de um elemento estrutural que se repita (por exemplo, um estribilho) e que proporcione um fio ou um eixo. Nesse sentido, pode-se conceber um elemento comum entre *Poetamenos* e a música de Webern, que poderíamos denominar – com Claude Rostand – "trabalho motívico". Este, nas palavras de Rostand, substitui o "trabalho temático tradicional". Segundo Rostand, "podemos conceber muito bem um motivo [na música de Webern] que só será caracterizado pelo timbre adjudicado a cada um desses sons. O timbre seria, por similaridade com as percepções visuais, o que chamaríamos cor sonora, e disso resultaria o nascimento da teoria schoenbergiana da melodia de timbres. Em *Poetamenos*, não se pode pensar em "verso" nem em motivos temáticos, o motivo é "diagonal", na medida em que é constituído por um material, seja uma cor, um grupo fonético ("lg") ou uma determinada distribuição espacial (Aguilar, 2005, p. 289-290, grifo do autor).

Outras considerações dignas de nota são suscitadas especificamente pela gravação de *lygia fingers*, incluída em *Poesia é risco*. A primeira é que esse poema mereceu uma performance (a várias vozes, como tencionava ser) já em 1955, dois anos depois de sua publicação, pelo grupo Ars Nova, no Teatro de Arena, sob direção de Diogo Pacheco e supervisão de Augusto de Campos, junto a *Nossos dias com cimento* e *Eis os amantes*.

A afirmação de que desde o princípio a verbivocovisualidade era almejada pelos concretistas, volição prejudicada pelas limitações técnicas de seu tempo, é corroborada pelas evidências da premência de voz que cingia a sua produção quase simultaneamente à publicação dos manifestos e poemas inaugurais do movimento. E, assim, "refutavam-se as críticas centradas na impossibilidade de oralização dos textos" (Aguilar, 2005, p. 288).

Os poemas de *Poetamenos*, o ponto zero do concretismo (poder-se-ia dizer), constituem uma experiência motívica e motivada pela materialidade da fala e pela assimetria que ela preserva, notadamente quando se faz mais de uma. Em *Poesia é risco* isso é complicado por uma configuração excêntrica (ou ex-cêntrica, emendaria Haroldo) do sujeito que empresta suas cordas vocais: o coro é todo Augusto de Campos, uma única voz que se multiplica e alcança a simultaneidade por meio da reprodução técnica, que pode fazer Augusto de Campos sobrepor-se a ou atropelar Augusto de Campos.

O sujeito poético fragmentado, de versos estilhaçados (também versos em crise, à beira da destruição), encontra sua melhor expressão na performance. E se é facultado ao poeta cantar sozinho seu próprio texto coral, o jogo de convergências e divergências, de igualdades e diferenças, torna-se mais delicado porque é jogado por um único sujeito.

A segunda questão é que no encarte do CD-livro, em sua segunda edição, o poema está em preto e branco e, para compensar o encarne monocromático, lança-se mão de uma estratégia tipográfica, com negritos e fontes substituindo as cores. Por isso pondera-se que sua oralização acaba eivando-se de certo desperdício: mesmo dando a entrever modulações diferentes na simultaneidade, a emissão aplaina-se em um mesmo tom monocórdico que não permite assinalar tão bem as linhas distintas da "melodia de timbres", culminando na imperfeição da diferenciação visual, cromática/tipográfica, quando traduzida em voz.

Essa era a oportunidade de fazer da sua própria *phoné* o pincel e dos seus próprios pulmões a paleta que iria colorir o texto enunciado, demarcando-o (o efeito obtido, por exemplo, com *Soneterapia 2* e sua entoação híbrida). Atribuo isso mais à falta de molejo e repertório técnico do paulistano como cantor do que ao desconhecimento dessa potencialidade, visto que a performance de Caetano Veloso, de 1973, de *Dias dias dias*, chancelada pelo próprio Augusto e encartada na primeira edição de *Viva vaia*, concretiza exatamente o que proponho (Campos; Plaza, 1975).

A terceira questão é que *Lygia fingers*, referência nominal à parceira de toda vida de Campos, Lygia de Azeredo Campos, é um tipo peculiar de poema amoroso que afasta as acusações de frialdade tantas vezes alardeadas em escaramuças críticas. Fora isso, se o sujeito iria "desaparecer", para seguir o prognóstico mallarmaico, enxergam-se outrossim dois incontestes modos de "aparecimento" nesse poema: 1) pelo inevitável biografismo da referência, dimensionando um Augusto de Campos empírico; 2) pela dialética da multiplicação-unificação do eu, pelo supramencionado "coro a um", que a princípio parece embaralhar várias vozes para, então, sintetizá-las no timbre grave de Augusto de Campos, o poeta concreto, o amante de Lygia ou "Ly", o performer dos próprios textos. Quarenta e dois anos se passaram entre *Poetamenos* e *Poesia é risco*: nesse caso, o fantasma não é o corpo textual de alguma inspiração paidêumica, mas o próprio passado, que se atualiza como testemunho e prova de coerência.

CONSIDERAÇÕES FINAIS

Nas discussões aqui postas em pauta, espero ter contribuído para uma fortuna bibliográfica sobre Augusto de Campos que, mais do que nunca, reconsidere aspectos frequentemente negligenciados pela cômoda catalogação manualesca, que insiste em rotulá-lo simplesmente como poeta "concreto" e "visual", atribuindo-lhe de baciada uma penca de características supostas, sem que tais predicativos sejam alguma vez desdobrados em reflexão crítica com alguma capacidade inflexiva real, tão calcada está em preconcepções importadas.

Em outra senda, este estudo também denota como a ideia de "inventividade" pode ser complicada por uma postura que, se não se pode chamar um puro original, no sentido de ideia erigida do vazio, colima a novidade na citação, na tradução, na escrita não criativa de um gênio não original. Independentemente dos níveis de radicalização de um paradigma da não originalidade, o modo próprio a um artista de ler o seu "paideuma" orienta a integração das referências à própria prática, como reiteração ou contraponto, e a construção de uma obra digna de nota, pois capaz de pensar reflexivamente o que a inspira de modo complementar, suplementar ou agonístico.

Por fim, fundamentar o sujeito citacional de Augusto de Campos, colateral de um sujeito cancional esboçado de forma muito particular por um poeta que raramente canta (mas não raramente entoa), avança a proposição de uma revocalização do *logos*, enfatizando o papel da dimensão rapsódica ou vocoperformática em seu *corpus* para que os objetos estéticos de Campos acerquem-se de sua forma ideal, que não é, aprendemos cada vez mais, constituída de modo exclusivo pelos signos presentes na página ou na tela, mas também aberta à intervenção da materialidade vococorpórea.

REFERÊNCIAS

AGUILAR, Gonzalo. O olhar excedido. *In*: SÜSSEKIND, F.; GUIMARÃES, J. C. (org.). *Sobre Augusto de Campos*. Rio de Janeiro: 7Letras; Fundação Casa de Rui Barbosa, 2004. p. 36-51.

AGUILAR, Gonzalo. *Poesia concreta brasileira*: as vanguardas na encruzilhada modernista. São Paulo: Editora da Universidade de São Paulo, 2005.

BARTHES, Roland. A morte do autor. *In*: BARTHES, R. *Rumor da língua*. 2. ed. Tradução de Mario Laranjeira. São Paulo: Martins Fontes, 2004.

CAMPOS, Augusto de. As antenas de Pound. *In*: POUND, Ezra. *ABC da Literatura*. Tradução de Augusto de Campos e José Paulo Paes. São Paulo: Cultrix, 2006.

CAMPOS, Augusto de. *Balanço da bossa e outras bossas*. 3. ed. São Paulo: Perspectiva, 1978a.

CAMPOS, Augusto de. *Verso reverso controverso*. São Paulo: Perspectiva, 1978b.

CAMPOS, Augusto de. Jaguadarte. *In*: CARROLL, Lewis. *Aventuras de Alice*: Alice no país das maravilhas; através do espelho e o que Alice encontrou lá. Tradução de Sebastião Uchoa Leite (prosa) e Augusto de Campos (poemas). São Paulo: Summus, 1980. p. 146

CAMPOS, Augusto de. Jaguadarte. *In*: CARROLL, Lewis. *Aventuras de Alice*: Alice no país das maravilhas; através. ReVisão de Kilkerry. 2. ed. São Paulo: Brasiliense, 1985.

CAMPOS, Augusto de. *Rimbaud livre*. 2. ed. São Paulo: Perspectiva, 2002.

CAMPOS, Augusto de. *Viva vaia*: poesia 1949-1979. 6. ed. São Paulo: Ateliê Editorial, 2023.

CAMPOS, Augusto de; CAMPOS, Cid. *Poesia é risco*. 2. ed. São Paulo: Polygram, 1995. CD-livro.

CAMPOS, Augusto de; PIGNATARI, Décio; CAMPOS, Haroldo de. *Mallarmé*. 3. ed. São Paulo: Perspectiva, 1991.

CAMPOS, Augusto de; PLAZA, Júlio. *Caixa preta*. São Paulo: Edição dos Autores, 1975.

CAMPOS, Haroldo de. Da transcriação: poética e semiótica da operação tradutora. *In*: QUEIROZ, Sônia (org.). *Da transcriação*: poética e semiótica da operação tradutora. Belo Horizonte: Faculdade de Letras/Universidade Federal de Minas Gerais – Laboratório de Edição, 2011 [1985]. p. 9-30.

CAMPOS, Haroldo de. *Metalinguagem & outras metas*: ensaios de teoria e crítica literária. 4. ed. São Paulo: Perspectiva, 1992.

CAMPOS, Haroldo de. Para além do princípio da saudade: a teoria benjaminiana da tradução. *In*: TÁPIA, M.; NÓBREGA, T. M. *Haroldo de Campos*: transcriação. São Paulo: Perspectiva, 2015. p. 47-60.

CAMPOS, Haroldo de. Tradição, transcriação, transculturação: o ponto de vista do ex-cêntrico. *In*: TÁPIA, M.; NÓBREGA, T. M. *Haroldo de Campos*: transcriação. São Paulo: Perspectiva, 2015. p. 197-205.

CARROL, Noël. *A filosofia do horror ou paradoxos do coração*. Tradução de Roberto Leal Ferreira. Campinas: Papirus, 1999.

CAVARERO, Adriana. *Vozes plurais*: filosofia da expressão vocal. Tradução de Flavio Terrigno Barbeitas. Belo Horizonte: Editora da Universidade Federal de Minas Gerais, 2011.

COHEN, Jeffrey Jerome. A cultura dos monstros: sete teses. *In*: COHEN, Jeffrey Jerome (org.). *A pedagogia dos monstros*: os prazeres e os perigos da confusão de fronteiras. Belo Horizonte: Autêntica, 2000. p. 25-55.

COMPAGNON, Antoine. *O trabalho da citação*. Tradução de Cleonice P. B. Mourão. Belo Horizonte: Editora da Universidade Federal de Minas Gerais, 1996.

LIMA, Luiz Costa. Duas aproximações ao não como sim. *In*: SÜSSEKIND, F.; GUIMARÃES, J. C. (org.). *Sobre Augusto de Campos*. Rio de Janeiro: 7Letras; Fundação Casa de Rui Barbosa, 2004. p. 116-129.

MATOS, Cláudia Neiva de. Vanguardas poéticas e tecnologias sonoras da voz: poesia é risco. *Matraga* – Revista do Programa de Pós-Graduação em Letras da Universidade do Estado do Rio de Janeiro, [s. l.], v. 17, n. 27, 2010, p. 94-113. Disponível em: https://www.e-publicacoes.uerj.br/matraga/article/view/26160. Acesso em: 24 fev. 2024.

OLIVEIRA, Leonardo Davino de. Líricas contemporâneas: apontamentos para uma revocalização do logos. *Texto Poético*, [s. l.], v. 9, n. 15, 2014. Disponível em: https://textopoetico.emnuvens.com.br/rtp/article/view/138. Acesso em: 13 fev. 2024.

PERLOFF, Marjorie. *O gênio não original*: poesia por outros meios no novo século. Tradução de Adriano Scandolara. Belo Horizonte: Editora da Universidade Federal de Minas Gerais, 2013.

PIGNATARI, Décio. *O que é comunicação poética*. 2. ed. São Paulo: Brasiliense, 1989.

STERZI, Eduardo. Todos os sons, sem som. *In*: SÜSSEKIND, F.; GUIMARÃES, J. C. (org.). *Sobre Augusto de Campos*. Rio de Janeiro: 7Letras; Fundação Casa de Rui Barbosa, 2004. p. 95-115.

STERZI, Eduardo. Quase audível – nota sobre "ão". *In*: SÜSSEKIND, F.; GUIMA-RÃES, J. C. (orgs.). *Sobre Augusto de Campos*. Rio de Janeiro: 7Letras; Fundação Casa de Rui Barbosa, 2004. p. 140-160.

SÜSSEKIND, Flora. Coro a um – notas sobre a "cançãonoturnadabaleia". *Gragoatá*, Niterói-RJ, v. 7, n. 12, 8 out. 2002.

TATIT, Luiz. A arte de compor canções. *Revista USP*, São Paulo, n. 111, 2016, p. 11-20.

VILLA-FORTE, Leonardo. *Escrever sem escrever*: literatura e apropriação no século XXI. Rio de Janeiro: Editora da PUC-RIO; Belo Horizonte: Relicário, 2019.

UM DIÁLOGO ENTRE A VOZ LÍRICA E A VOZ CANCIONAL

Leonardo Santos Crespo

> *Toda apreciação da linguagem não se reduz ao fato de se lhe examinar de acordo com os critérios mais seguros e os mais infalíveis possíveis, para se saber se ela é linguagem de uma sensação autêntica e bem descrita?*
> *(Hölderlin, 2020, p. 224)*

A epígrafe de Hölderlin, além de provocar o leitor, centraliza, em certa medida, todo esse diálogo pretendido. Vejamos, pois, as vozes que o protagonizam: Emil Staiger, crítico e teórico de poesia suíço, pertence a uma corrente crítica que Roberto Acízelo de Souza chamou de "escola da interpretação" (Souza, 2018, p. 64); Luiz Tatit, professor e teórico da canção brasileiro, é uma das vozes cujo eco é incontornável ao se tratar de canção no Brasil. O diálogo pretendido não é, *prima facie*, absolutamente evidente; em contrapartida, convidando-os a falar, serão notados certos termos em consonância, a saber:

> Se a ideia do lírico, sempre idêntica a si mesma, fundamenta todos os fenômenos estilísticos até então descritos, essa mesma ideia una e idêntica precisa ser revelada e ter nome. Unidade entre música das palavras e de sua significação; atuação imediata do lírico sem necessidade de compreensão (1); perigo de derramar-se, retido pelo refrão e repetições de outro tipo (2); renúncia à coerência gramatical, lógica e formal (3); poesia de solidão compartilhadas apenas pelos poucos que se encontram na mesma 'disposição anímica' (4); tudo isto indica que em poesia lírica não há distanciamento (Staiger, 1975, p. 51).

Em réplica:

> De fala ao canto há um processo geral de corporificação: da forma fonológica passa-se à substância fonética. A primeira é cristalizada na segunda. As relações *in absentia* materializam-se *in praesentia*. A gramática linguística cede espaço à gramática de recorrência musical. A voz articulada do

> intelecto converte-se em expressão do corpo que se sente. As inflexões caóticas das entoações, dependentes da sintaxe do texto, ganham periodicidade, sentido próprio e se perpetuam em movimento cíclico como um ritual. [...] Aquelas fixam e ordenam todo o perfil melódico e ainda estabelecem uma regularidade para o texto, metrificando seus acentos e aliterando sua sonoridade. Como extensão do corpo do cancionista, surge o timbre de voz. Como parâmetro de dosagem do afeto investido, a intensidade (Staiger, 1996, p. 15).

Nota-se que, em certos momentos, os autores parecem abordar o mesmo assunto. A ausência de compreensão, que se refere Emil Staiger, parece-se bastante com a ideia de sentimento corporal em detrimento da "voz articulada do intelecto", que aponta Tatit. Staiger, em seu segundo ponto, escreve: "renúncia à coerência gramatical, lógica e formal", que conserva considerável semelhança com "as inflexões caóticas das entoações", de Luiz Tatit. Assim sendo, são constantes as aproximações entre os teóricos. Consequentemente, poder-se-ia concluir que tem de ser também próximos os tópicos que regem ambos os textos, não? Não é o caso.

Para tanto, percebe-se que Staiger empenha-se em discutir aspectos da forma lírica, ao passo que Luiz Tatit tem em mira a canção e seus aspectos teóricos. Curiosamente, as dissonâncias de objetos são muito interessantes ao debate proposto: uma vez pensando a "autenticidade" que aponta Hölderlin, não podemos ignorar que para ele há uma espécie de "linha" – e repousaria aí, nessa transmissão, a problemática abordada – que se estabelece entre o poema e o leitor. Dessa forma, uma notável leitura de T.S. Eliot irrompe com absoluta precisão:

> A primeira voz é a voz do poeta que fala consigo mesmo — ou com ninguém. A segunda voz é a voz do poeta ao dirigir-se a uma platéia, seja grande, seja pequena. A terceira é a voz do poeta quando tenta criar uma personagem dramática que fala em verso, quanto está dizendo, não o que diria à sua própria pessoa, mas apenas o que pode dizer dentro dos limites de uma personagem imaginária que se dirige a uma outra personagem imaginária. A distinção entre a primeira e a segunda voz, entre o poeta que fala consigo mesmo e o poeta que fala com outra pessoa, conduz ao problema da comunicação poética (Eliot, 1988, p. 122).

Em seu texto, Eliot estabelece uma tripartição das vozes do poeta. Logo, tal estabelecimento tem, em raiz, o problema da comunicação. O apontamento em direção à comunicação poética é um laço cujas pontas foram lançadas em seus objetos específicos por Emil Staiger e Luiz Tatit. Por conseguinte, ambos os autores divergem; o objeto de Staiger, a poesia lírica, compreende um rigor formal – que o crítico sugere, ao apresentar sua definição, partindo da métrica –; em contrapartida a Tatit que, dentro da canção, aponta justamente seu caráter manipulável mediante a figura do cantor.

Enfim compreendidos os tópicos e suas questões discutidas, partimos, pois, para os desdobramentos específicos de cada um. Assim, reclama Emil Staiger:

> Quando o volume está pronto, o que é que o povo faz com êle? Podem-se declamar poesias líricas, mas, apenas como também ler um drama teatral. Recitado, um poema lírico não pode ser apreciado como merece. Um declamador a recitar diante de uma sala cheia, poesias exclusivamente líricas transmite quase sempre uma impressão penosa. Mais plausível é um recital para um círculo pequeno, para pessoas a cuja sensibilidade possamos abandonar-nos. Mas um trecho lírico só desabrocha inteiramente na quietude de uma vida solitária (Staiger, 1975, p. 48).

Chama-nos a atenção o rigor normativo de Staiger. Em princípio, partindo de uma tradição clássica, marcada pelo rigor formal, método que inclusive delimita gêneros, não seria espantoso deparar-se com afirmações tão peremptórias quanto "impressão penosa". Contudo, diferentemente da tradição greco-latina, que repousa sua atenção normativa sobre a composição, o autor aponta para a recepção. Estamos, pois, diante da problemática comunicativa que apontava T.S. Eliot.

Assim, compreende a lírica enquanto gênero que demanda certo regimento específico: diz o suíço o que a lírica "merece". Aponta a "quietude de uma vida solitária" enquanto ambiente ideal para o desabrochar pleno do gênero. Poderíamos, caso quiséssemos, questionar essa necessidade, ou, ainda, a natureza dela; seu curso, no entanto, não é de nosso interesse total, que reside no confronto de tal compreensão com a de Luiz Tatit. Para tanto, eis o contraponto brasileiro ao rigor empreendido pelo suíço:

> Com a demarcação das unidades entoativas recortadas pela letra, entra em cena o sujeito da locução (o intérprete), aquele que materializa em seu timbre vocal e em sua habilidade de emissão o principal personagem da obra. O "eu" que canta torna-se, assim, o responsável pelo tema relatado na letra e pelo envolvimento afetivo expresso na melodia (Tatit, 2016, p. 16).

Agora, em vez da intromissão do declamador e suas "impressões penosas", percebemos o "sujeito da locução". Numa toada contrária, temos não somente um apagamento da carga negativa desse que declama ou canta, como esse sujeito torna-se constitutivo da experiência cancional. Duas divergências evidentes desdobram-se: primeiramente, não haveria para Tatit uma espécie de forma primordial, ideal para a recepção do gênero cancional, como Staiger aponta; segundamente, para além do próprio objeto, a canção, o cantor é um elemento que constitui sua forma e, por conseguinte, sua produção e circulação. Essas divergências podem ser compreendidas como afluentes de um mesmo rio, ou, melhor, como rios distintos da mesma nascente: a voz é o fator elementar distintivo entre os gêneros, enquanto a lírica de Staiger compreende a voz como elemento a posteriori, ou seja, canal de transmissão, a canção de Tatit a institui a priori.

Está delimitado o fator definitivo que impregna a percepção, logo, a voz que constitui as "impressões penosas" é a voz que constitui o "sujeito da locução". Consequentemente, a voz, ainda que carregue um valor absolutamente distinto para os dois, opera de uma maneira bastante semelhante. Cabe a nós uma metáfora espacial: há, pois, um estabelecimento entre o material – o texto, o poema lírico, a canção – e o leitor-ouvinte. A cisão manifesta-se na compreensão de tal intermédio.

Poderíamos dizer que Staiger a compreende de maneira visual, logo, a voz como um intermédio que impede a apreciação plena do objeto, ao passo que Tatit a compreende de maneira sonora, ou seja, a voz seria a matéria que permite o trânsito até o ouvinte; sem a voz teríamos somente o vácuo.

A ausência da voz é a ausência do próprio objeto: não há, portanto, experiência ou objeto sem voz. Essa diferente compreensão da voz pode ser mais facilmente entendida por outro intermédio, ou, dessa vez, um intermediário faz-se imprescindível à leitura de Paul Zumthor:

> Indefinível, senão em termos de relação de afastamento, articulação entre sujeito e objeto, entre Um e o Outro, a voz permanece inobjetivável, enigmática, não especular. Ela interpela o sujeito, o constitui e nele imprime a cifra de uma alteridade. Para aquele que produz o som, ela rompe uma clausura, libera de um limite que por aí revela, instauradora de uma ordem própria: desde que é vocalizado, todo objeto ganha para um sujeito, ao menos parcialmente, estatuto de símbolo. O ouvinte escuta, no silêncio de si mesmo, esta

> voz que vem de outra parte, ele a deixa ressoar em ondas, recolhe suas modificações, toda "argumentação" suspensa. Esta atenção se torna, no tempo de uma escuta, seu lugar, fora da língua, fora do corpo (Zumthor, 1997, p. 17).

Zumthor conduz-nos a uma percepção que parece, a princípio, facilmente reconhecível. Outrossim, essa percepção é vital para a plenitude do desabrochar interpretativo: a voz pressupõe um corpo, alguém. Já há, tanto em Staiger como em Tatit, um entendimento desse aspecto, no entanto partimos dele para estabelecermos um fator decisivo

O valor concedido à voz por Staiger revela certa acepção da lírica, sendo assim, há um descolamento entre a poesia e o sujeito. Não apenas uma expressão de um sujeito, a poesia lírica, que afirma o sujeito em sua forma, é capaz de assumir uma impessoalidade geral: o caminho, então, é o do acesso ao texto num trajeto impessoal. Ainda que o gênero lírico distinga-se dos demais clássicos por sua subjetividade, é justamente por meio dela que há a possibilidade de o texto lírico produzir efeito em qualquer indivíduo. Em seu texto, Staiger (1975, p. 61) assenta tal capacidade lírica:

> O que foi exposto em linguagem abstrata é conhecido dos poetas líricos de há muito, de um modo bem mais direto. Precisamos, apenas, acostumarmo-nos a levar a sério o que é dito em poesia e deixar uma palavra lírica servir igualmente de testemunho do homem como uma sentença dramática.

A igualdade entre o "testemunho" e a "sentença" é definição de que, para além dos regimentos próprios do gênero e de sua gênese, o que está em jogo é a percepção. Entende-se, consequentemente, sua inserção na "escola da interpretação" (Souza, 2018, p. 64). A preocupação de Staiger reside no meio de recepção, pois é justamente nele que se constitui a potência defendida no gênero lírico.

A afirmação de que num discurso excepcionalmente individual reside a experiência geral, passível de ser percebida por qualquer um, é a prerrogativa definitiva para sua argumentação. Para tanto, o leitor é plena parte, extensão do sentimento do poeta, afinal

> [...] êle [o poeta lírico] é "brando". "Brando" no sentido de que os contornos do eu, da própria existência, não são firmemente delineados. [...] O sentimento de individualidade dissolve-se. Chegamos na linguagem lírica ao conceito de "fusão" (Schmelz). Fusão é o diluir da consistência (Staiger, 1975, p. 66).

Agora, façamos uma oposição analítica. Numa "temática" seme-lhante, o amor, rigorosamente lírico, comparamos um poema lírico a uma canção. Inicialmente, leiamos Safo (Staiger, 1975, p. 62):

> ... olho
> furtivamente para você, e minha voz
> prende-se na garganta
> A língua fica paralisada e um ligeiro
> fogo corre-me sob a pele súbito-subitamente;
> Com os olhos nada vejo, um trovão
> tapa-me os ouvidos.
> Escorre-me o suor, o tremor
> invade meu corpo, e empalideço
> mais que a grama seca, e bem perto à morte
> já pareço, Agális...

Agora, leiamos a letra de uma canção de Egberto Gismonti, "Lírica n.º1" (*Sonho 70*, 1970, s/p.):

> Oh! amada em pouco tempo
> tu criaste um quanto tempo
> Oh! amada mais que o tempo
> tu criaste o amor
>
> namorada mais amada
> tu trouxeste junto ao vento
> um amor que de tão grande
> fêz-se brisa, me envolveu
>
> ah! mulher por quanto vou te precisar
> ah! mulher por quanto vou te descansar
> vou mulher, vou namorada
> só de abraços pra você
>
> quanto mais canto mais sinto então
> vou precisar de você, dê-me a mão.
> já só me ouço podendo dizer
> fique mulher, só até eu morrer

Evidentemente, numa leitura silenciosa não percebemos diferenças decisivas. Reside, no entanto, o grau distinto na materialidade do objeto: assim sendo, a materialidade do poema lírico e a canção gravada. A distinção dá-se, sobretudo – ou, ao menos, no fator que nos é mais relevante, tendo em mente o diálogo pretendido –, na materialidade da voz.

Não há, ao ouvir uma canção, nossa voz. No caso, a voz pertence ao Egberto Gismonti, é sua voz que conduz e que contém o amor cantado. Em oposição, ao lermos Safo, nossa voz conduz e nossa voz, por conseguinte, contém o amor. A oposição diametral é a sensação do sentimento alheio que permeia a canção, uma vez que há uma voz, em sua materialidade plena, cantando tais sentimentos.

Retornamos ao problema da "comunicação poética" que vimos anteriormente. Desenvolvem-se os enclaves na manifestação de um sentimento interno do texto para o leitor ou ouvinte. Em contraponto, Luiz Tatit (1996, p. 15) oferece-nos uma consideração:

> Ela [a voz] ordena uma experiência, transmite-a e desaparece. Sua vida sonora é muito breve. Sua função é dar formas instantâneas a conteúdos abstratos e estes sim devem ser apreendidos. O invólucro fônico é descartável. Por isso, a melodia da fala não se estabiliza, não se repete e não adquire autonomia.

A citação de Tatit é imprescindível pelo uso do termo "autonomia", ou, ainda, a ausência da autonomia. Enquanto Staiger normatiza o processo de percepção a fim de estabelecer uma límpida relação entre poema e leitor, Tatit retira a autonomia da voz e, consequentemente, da canção, e faz do ouvinte um elemento a ser ativado. Uma vez que não há estabilidade e sua vida é breve, cabe ao ouvinte o exercício interpretativo que garante vitalidade à canção.

O elemento de preocupação, parece, enfim, ser o mesmo a Staiger e Tatit: o leitor ou ouvinte. Em compensação, as distintas acepções acerca do objeto são as bifurcações em suas argumentações; ao passo que Staiger parece seguir na esteira da "autenticidade" vista em Hölderlin, não há tal conceito no argumento de Tatit. O poema lírico do suíço parece imaculado, e sua leitura há de ser conservada em plenitude; a canção do brasileiro parece ser passível de mutações e convida o leitor a participar ativamente de sua compreensão.

A saída de tal diálogo parece residir em outro autor sob outro suporte. Antonin Artaud, em um desenho, escreve: "Jamais réel et toujours vrai". O francês parece opor a ideia de realidade à ideia de verdade; em contrapartida, a condição de "verdadeiro" é absolutamente independente de sua realidade. Assim, ao usar a conjunção aditiva (*et*), o autor é definitivo em estabelecer a possibilidade de o sentimento não necessariamente ser, mas, ao menos, parecer verdadeiro.

O leitor ou ouvinte, então, passa a ser elemento constitutivo da experiência estética: não há necessidade de realidade física para a existência sentimental. Não haveria, pois, a necessidade de autenticidade que aponta Hölderlin. A busca empreendida pelo poeta alemão não constitui o que há de definitivo na própria experiência, assim como a plenitude de recepção de Staiger parece ser um elemento mutável, uma vez posto em diálogo com Luiz Tatit. Enfim, o elementar que parece decantar do diálogo é a plena capacidade do leitor de definir o verdadeiro na obra, em leitura ou audição.

REFERÊNCIAS

ELIOT, T. S. *De poesia e poetas*. São Paulo: Brasiliense. 1988.

GISMONTI, Egberto. *Sonho 70*. 1970. Polygram.

HÖLDERLIN, Friedrich. *Fragmentos de poética e estética*. São Paulo: Editora da Universidade de São Paulo, 2020.

SOUZA, Roberto Acízelo de. *Teoria da literatura*: trajetória, fundamentos, problemas. São Paulo: É Realizações, 2018.

STAIGER, Emil. *Conceitos fundamentais da poética*. Rio de Janeiro: Tempo Brasileiro, 1975.

TATIT, Luiz. *O cancionista*. São Paulo: Editora da Universidade de São Paulo, 1996.

TATIT, Luiz. A arte de compor canções. *Revista USP*, São Paulo, n. 111, p. 11–20, 2016. Disponível em: https://www.revistas.usp.br/revusp/article/view/127594. Acesso em: 6 set. 2024.

ZUMTHOR, Paul. *Introdução à poesia oral*. São Paulo: Hucitec, 1997.

A PRESENÇA DA MUSA EM CANÇÕES CONTEMPORÂNEAS

Leonardo Davino de Oliveira

No ensaio "Cancionistas invisíveis", publicado pela revista *Cult* em agosto de 2006 e reunido no livro *Todos entoam – Ensaios, conversas e canções*, 2007, Luiz Tatit comenta o receito em torno do "fim da canção", que pairava no ar desde uma famosa entrevista de Chico Buarque ao jornal *Folha de São Paulo* (Silva, 2004):

> Não nos preocupemos com a canção. Ela tem a idade das culturas humanas e certamente sobreviverá a todos nós. Impregnada nas línguas modernas, do ocidente e do oriente, a canção é mais antiga que o latim, o grego e o sânscrito. Onde houve língua e vida comunitária, houve canção. Enquanto houver seres falantes, haverá cancionistas convertendo suas falas em canto. Diante disso, adaptar-se à era digital é apenas um detalhe (Tatit, 2007, p. 230).

As observações de Luiz Tatit espelham o destino das musas em nossa cultura e civilização. Afinal, se a escrita, ou seja, "a literatura dotou-nos de uma memória artificial no documento preservado" (Havelock, 1996, p. 89), "enquanto houver seres falantes, haverá cancionistas convertendo suas falas em canto". Essa compreensão ajuda-nos a ouvir algumas canções críticas compostas pelo próprio Tatit em comparação a outros cancionistas. Sendo um teórico da canção, semioticista incontornável do tema, Tatit leva para a criação tópicos da teoria e da pesquisa acadêmica.

Não há objetivos específicos no cantar ou uma finalidade a ser alcançada, a não ser o simples, o natural e o humano êxtase do gesto de cantar e ser cantado. Canção (estar em estado-de-canção) é a não calmaria, é o naufrágio prazeroso em mar aberto, sem cais. E imediatamente cônjuge ao estado anteriormente descrito, a canção é o cais: enquanto ela durar, enquanto o ouvinte sentir-se mimado, íntimo do sujeito da canção em sua certeza da fragilidade de existir, o ouvinte se fortalece e segue. Encontro um exemplo primoroso desse movimento em "Quando a canção acabar", de Luiz Tatit (*Sem destino*, 2010).

Tatit cria uma personagem-cantora que tem o agora (já) e o mar no nome: Jacimara – sereia indígena do "eterno presente", da lua boa para a guerra, do estado-presente das mensagens das canções. Ao mesmo tempo em que o "jaci" sugere algo que passou, já se foi enquanto está passando, sendo: presente-do-futuro-do-pretérito. Eis o tempo das canções: "Quando é neste momento / E neste lugar [...] Já é", diz o sujeito da canção.

Mas contrapondo-se à personagem Jacimara, "a rainha da farra / para ela o verão / é tocar guitarra / parece a cigarra", na outra parte da letra surge Jaqueline: aquela que virá "quando o inverno chegar / quando a canção acabar". Ou seja, a canção não morre nunca, pois com uma (Jaqueline) rendendo a outra (Jacimara) sempre haverá canção, sempre haverá o já-cantável, porque sempre há o humano, representado pelos nomes de mulheres: Musas.

Não é à toa que Luiz Tatit utiliza a narrativa da cigarra e da formiga para criar "Quando a canção acabar". A proposição do título é irônica, uma vez que ele mesmo sabe que a canção não acabará. O que fica sugerido é a continuidade do cantar, mesmo através da formiga, que, como sabemos, é mais compositora do que propriamente cantora.

> E se toda a cultura
> Periclitar
> E se o canto mais simples
> Silenciar
> É sublime encontrar
> Quem se anime a cantar
> Jaqueline [formiga] fará.

As metáforas aqui abrem a compreensão do ouvinte à finalidade sem fim da canção.

Semelhante à voz do bíblico Jacó, a voz de Jaqueline – gêmea da voz de Jacimara, embora nascida depois – substituirá Jacimara e cantará a vida. Porém, diferente do conto javista, Jaqueline não precisará enganar ninguém, a substituição virá no eterno retorno da existência. "A voz é a voz de Jacó", dirá Isaac diante do ardiloso filho, à espera da voz de Esaú. Esse detalhe serve como destaque da diferença: a voz de Jacimara difere da voz de Jaqueline e isso marca a mudança de ciclo, a evolução, a troca de turno, o fim da (para o começo de outra) canção.

É desse modo que, sensível às questões humanas, a narrativa ficcional é criada por Tatit a partir de outras narrativas ficcionais, posto que, como veremos, sua Musa cruza significantes variados, finda por narrar (ficcionalizar) o real: a necessidade humana de narrativas, de canto, de canção. Portanto, usar o modo narrativo para tematizar a narrativa acaba sendo um artifício estético sofisticado e complexo: canção dentro de canção; real dentro do real – voz que se desdobra entre as Musas Jacimara e Jaqueline.

E aqui a gestualidade vocal (entoativa) do cancionista, sua dicção sempre muito perto da naturalidade da fala, reitera o caráter narrativo, o componente prosódico da canção, da história das personagens, ou melhor, do desejo de colocar as personagens dentro de uma história, próximas ao ouvinte. Tudo sendo auxiliado pela melodia samba-de-roda-quase-baião, remetendo o ouvinte a extratos básicos do impulso de cantar, pois, como sabemos, o samba e o baião são duas matrizes brasileiras do fazer cancional mais utilizadas pela canção popular.

Há, portanto, em "Quando a canção acabar", todo um requinte em traduzir aquilo que é dito (e no modo como é dito) na melodia e vice-versa. "Quando a canção acabar" é um lembrete dos momentos de transição da linguagem cancional: de quando a cigarra dá lugar à formiga para que a canção não acabe de fato, mas seus meios de ser possam evoluir: mudar para permanecer. Basta observar que ao passar de uma personagem (Jacimara) a outra (Jaqueline), o acompanhamento melódico continua o mesmo. A esperança na vinda de Jaqueline confirma isso.

É essa reconexão com as Musas que compõe a canção "Musa da música", de Dante Ozzetti e Luiz Tatit (*Palavras e sonhos*, 2016). Do turbilhão das discussões sobre os modos de fazer canção na contemporaneidade, o sujeito da canção embala (guarda e nina) uma figura de Musa que virá restituir à canção sua potencialidade – "que é capaz" – de ser-cantante do ouvinte.

Conta, canta, tenta, sente, mostra, zela, troca e grita são os verbos que abrem cada estrofe da letra e indiciam a ação da "Musa da música", essa entidade que convida o ouvinte a experimentar a vida: Jaqueline? Isso se intensifica quando a canção é gravada na voz de Ná Ozzetti (*Embalar*, 2013), pois, sendo mulher, a voz que canta cumpre a promessa feita na outra canção: Jaqueline veio, está presente – a canção não tem fim.

Se a canção "protela a extinção" do ouvinte e do cantor, a neossereia que Ná Ozzetti interpreta afirma sua persona:

Musa da música
Mãe das Américas
Filha da África-fé

Filha da África fé
Na poética pós
Na genética pré.

Assim, no *carrefour*, na encruzilhada do relato historiográfico constelar com os miasmas da memória mítica, linguística e estética da cultura, essa Musa singulariza-se brasileira.

Diferentemente da Musa, cujo canto é mudo aos ouvidos dos comuns mortais e só acessível pela mediação do poeta ou do rapsodo, a sereia-Ná decodifica o canto pretensamente divino (transcendente), oferecendo-o a todos os ouvintes indistintamente, concentrando o canto da Musa (testemunha ocular, relatora do relato absoluto) e da sereia (narradora que "resume" o relato da Musa). Por ser a certeza da presença de alguém vivo – com boca, garganta, úvula, saliva –, enquanto dura a canção, a neossereia vivida por Ná Ozzetti perde qualquer caráter metafísico e foca na corporalidade, na performance de um corpo que vocaliza sua unicidade (Cavarero, 2011).

Mas quais são as características físicas dessa Musa sirênica? É o que Luiz Tatit apresenta na canção "Musa cruza" (*Palavras e sonhos*, 2016). Desprovida de sublimação, essa Musa de descrição física complexa e abstrata, que inspira todos e tantos, é tão humana e mutante quanto seu cantor, dotado de um, como veremos também na canção de Caetano Veloso, "canto mestiçoso". Afinal, cantor e Musa também precisam cruzar. Trata-se de "inserir o eu do poeta como sujeito da enunciação em um contexto em que o início do canto pertence incontestavelmente às Musas" (Agamben, 2020, s/p.). Nesse sentido:

> O espaço interno vivido no qual se forma a voz mantém sempre alguma sensação de distância entre o sujeito e o objeto da enunciação. A palavra aparece como um "dentro de nós" em oposição a um mundo fora de nós. E à medida que a consciência se torna mais aguda, mais presente a si própria, a linguagem tende a ser menos mimética, mais modalizada, mais intelectual. O dentro vai trabalhando o fora (Bosi, 2000, p. 75-76).

Desse modo, a (minha) Musa de Luiz Tatit, não sendo exatamente dele (poeta, cantor, voz que fala na letra), bastante diversa das Musas clássicas que inspiraram grande parte de nossa poesia romântica, por exemplo, está mais próxima à imagem da Musa cantada num país tropical, diverso, mestiço. A título de exemplo e comparação, tomemos duas outras Musas: "Musa cabocla", de Gilberto Gil e Waly Salomão, gravada no disco *Minha voz*, de Gal Costa (1982); e "Musa híbrida", de Caetano Veloso (*Cê*, 2006).

No primeiro caso, a fim de figurativizar a "Musa cabocla" do título do poema, Gilberto Gil transforma os versos rimados em "ela" e que aparecem repetidos no meio e no fim do poema de Waly Salomão (2014, p. 174) – "Sou pau de resposta, jiboia sou eu, canela / Sereia, eu sou uma tela, sou eu, sou ela" – no refrão da canção. São esses versos cantados duas vezes que recolhem a imagem da Musa: "Mãe matriz da fogosa palavra cantada / Geratriz da canção popular desvairada / Nota mágica no tom mais alto afinada". A Musa de Waly é tão cruza quanto a Musa de Tatit. Em acordo com suas Musas, ambos espelham e refratam a canção do país.

No que se refere à musicalização do poema, Gilberto Gil transforma o texto de Waly Salomão, efeito que se realiza na voz de Gal Costa, a intérprete das "entonações embrionárias" das palavras do poema, da letra da canção.

> Uma vez identificadas as modulações prosódicas plausíveis, resta ao compositor estabelecê-las com maior ou menor fidelidade aos contornos da fala: é comum que aproveite o desenho da curva, mas expandindo seus pontos extremos no campo de tessitura. Esse é o processo de musicalização que poderá ser acentuado a depender do estilo do melodista (Tatit, 2019, p. 221).

A voz humana carrega a palavra que, por sua vez – *phoné semantiké* – carrega o humano. Que ritmos melodizam e sustentam o Brasil (a brasilidade)? "Por que me eleger só no verão / se eu sou musa de qualquer estação?", pergunta Gal Costa em "Musa de qualquer estação", canção de Roberto Carlos e Erasmo Carlos (*Bem bom*, 1985), projetando a musa tropical, sempre em viço, alheia à passagem do tempo cronológico.

Jogando com os mesmos artifícios, o sujeito de "Musa Cabocla", de Gilberto Gil e Waly Salomão, cria o efeito da presença de si a partir da voz da cantora em primeira pessoa. Para tanto, o sujeito (poeta, cancionista) evoca a Musa cabocla, híbrida. Ouvintes comuns que somos, só temos acesso àquilo que ela fala pela mediação do sujeito (cancionista, poeta, cantor). O sujeito cancional ouve e canta: é sereia que canta sentada na pedra a medrar o marinheiro. Geneticamente um híbrido (mulher e animal), a Musa-sereia aqui é cabocla, mestiça, antropófaga, compreendendo a antropofagia pela combinação "da receptividade generosa e do senso crítico que rejeita, seleciona e assimila" (Nunes, 1979, p. 21).

Musa da Tropicália, Gal Costa incorpora a Musa do título da canção: aquela que inspirou o poema Waly Salomão e a canção de Gilberto Gil. Nesse sentido, Gal Costa torna-se "o corpo da letra", o "corpo de enunciação do poema".

> A chave de um texto é, comumente, um corpo. Achar um corpo debaixo de letras, em letras, se chamava exegese, no tempo em que os doutores cristãos reconheciam, nas histórias do Antigo Testamento, outras tantas figuras do corpo por vir da encarnação do Verbo. Em nossa idade leiga, chama-se a isso, habitualmente, de desmistificação ou, pura e simplesmente, de leitura (Rancière, 1995, p. 142).

Por sua vez, para Luiz Tatit,

> [...] boa parte dessa carga de significados procede da figurativização, do fato de as frases melódicas virarem modos de dizer, além de conservarem seus traços musicais. [...] A voz, extensão do corpo do intérprete, é preservada no itinerário das vogais que compõem a letra, mantendo o seu formato serpeante e indicando assim as oscilações emotivas próprias do sujeito que a emite (Tatit, 2019, p. 214-215).

Por trás da voz (ficcional) do sujeito da canção há a voz de uma pessoa de carne e osso: uma garganta. A relação espelhar com a Musa da música que conta, canta, tenta, sente, mostra, zela, troca e grita é perceptível. A Musa cabocla é (também) a "Mãe das Américas / Filha da África fé / Na poética pós / Na genética pré". Ambas, Musas da encruza que nossa cultura gera.

Feitas refrão, as afirmativas que serpenteiam a letra – "Sou pau de resposta, jibóia sou eu, canela / Sereia eu sou, uma tela sou eu, sou ela" – reforçam o desenho (visão) da "Mãe matriz da fogosa palavra cantada / Geratriz da canção popular desvairada / Nota mágica no tom mais alto, afinada" que Gal Costa (a voz da cantora) encarna. A finalidade lúdica (poética) de "Musa cabocla" também é restaurar o sentido da significação, como fazem Jacimara e Jaqueline na canção de Tatit. Dito de outro modo, o sujeito (sereia), por meio da proliferação de significantes e comparações, deixa a canção cantar: engendra um canto sirênico em que "quem" fala é tão importante quanto aquilo que é "falado". Um empenho feliz do primado da voz sobre a palavra.

"Mãe matriz da fogosa palavra cantada / Geratriz da canção popular desvairada / Nota mágica no tom mais alto, afinada". Tais significantes guardam o medo que certa filosofia tem com relação à canção, à voz. Interpreta-se que a sereia é causa da perda da razão do indivíduo. Daí o emudecimento progressivo do *logos* e, consequentemente, da mulher, do feminino. Desse modo, despreza-se a unicidade inimitável de cada voz e de que é possível pensar com os pulmões. As Musas aqui elencadas rompem com isso.

Sereia, o sujeito de "Musa cabocla" canta palavras: palavras que ele mesmo (Musa que também é) engendra no poeta. Travestindo-se na canção, o sujeito (monstro canoro) presentifica-se. "Sereia eu sou, uma tela sou eu, sou ela", diz. "Quem sabe talvez um dia / ainda te encontre, minha musa confusa / [...] / Neste descaminho meu carinho te percorre a ausência / corpo, alma, tudo, nada, musa difusa", compôs Caetano Veloso em "Errática", canção gravada por Gal Costa em *O sorriso do gato de Alice* (1993). A adjetivação da musa impõe sua persona prismática.

Em "Musa híbrida", o emblema da mistura repete-se: "olho verde e carapinha cúprica", com ênfase na carapinha "cúprica, cúprica, cúprica"; e na malha do pelo híbrido, mestiço, resultando no "canto mestiçoso" do sujeito cancional.

> Podemos dizer que a questão do hibridismo é central na obra de Caetano Veloso. Para ir além de João Gilberto, o artista provou desde o Tropicalismo o seu avesso. Daí tocar samba com instrumentos culturalmente ligados ao rock ou vice-versa. O compositor que se afirma desde *Araçá azul* "um mulato nato no sentido lato mulato democrático do litoral", herda dos modernistas um projeto de Brasil que afirma a mestiçagem não como algo que empobrece, e sim como algo extremamente positivo e original, que nos enriquece. Caetano é o que canta as delícias e as dores de ser o que se é no Brasil. Assim, apesar das dores do país serem quase insuperáveis, há sempre um otimismo, uma lucidez que o faz crer que aqui as delícias poderão compensar as dores. Uma crença de que nós brasileiros podemos "refazer o mundo", e de outra maneira, muito melhor. Mais humano, mais misturado, menos segregacionista. É daí que, Caetano, agora, pai do prazer, pinta a nova musa. Musa brasileira e universal, porque híbrida: "de olho verde, carapinha cúprica". É daí que a voz fosca do velho Caetano volta a brilhar: "a minha voz tão fosca brilha por seus lábios bundos". Um canto à

> Musa Híbrida, filha de toda uma cultura da miscigenação, e que reúne em seu corpo os traços dos povos que formaram o Brasil: "a malha do teu pelo dongo, congo, jê, tupi, batavo, luso, hebreu e mouro" (Teixeira, 2017, p. 42-43, grifo do autor).

Caetano canta a Musa híbrida, fazendo dela um modelo de Musa para os cancionistas pós-1970 no Brasil.

> Caetano Veloso compreendeu todas as dicções da canção popular brasileira. [...] Não há qualquer padrão de gênero, estilo, letra ou musicalidade que resista por muito tempo em sua produção, como se todas as formas fossem o mínimo indispensável para se expressar em canção (Tatit, 1996, p. 263).

Daí a malha do pelo de sua Musa: "dongo, congo, gê, tupi, batavo, luso, hebreu e mouro"; e o desejo de "refazer o mundo" com o "canto mestiçoso" – índice de cruzamentos.

Desse modo, repito, é isso que as Musas aqui elencadas afirmam, e a canção surge como potência, a qual Caetano acredita e defende. Para José Miguel Wisnik, "está implícito ou explícito em certas linhas da canção um modo de sinalizar a cultura do país que além de ser uma forma de expressão vem a ser também, como veremos, um modo de pensar – ou, se quisermos, uma das formas da *riflessione brasiliana*" (Wisnik, 2004, p. 215).

O próprio Caetano Veloso observa que a canção popular brasileira "é a mais eficiente arma de afirmação da língua portuguesa no mundo, tantos insuspeitados amantes esta tem conquistado por meio da magia sonora da palavra cantada à moda brasileira" (Veloso, 1997, p. 17). Para cumprir sua missão, a Musa da canção desse país só pode ser híbrida, cruza, cabocla, plurifocal: "a malha do teu pêlo / dongo, congo, gê, tupi, batavo, luso, hebreu / e mouro / se espelha pelo mundo", canta Caetano Veloso.

A Musa híbrida, distante da transcendência do lugar amoroso dado historicamente às Musas, coloca o sujeito diante dele mesmo: "eu jacaré, eu". Isso aponta para uma época em que as relações de complementaridades afetivas exauriram-se, dando espaço para encontros como o da "onça" com o "jacaré". Essas "zonas de contato", amorosas ou não, permitem a mistura de raças, línguas e culturas diante do pesadelo da convivência cotidiana.

A Musa dos textos clássicos que dava sentido a uma individualidade – a do eu lírico – abre espaço para uma Musa misturada e "impura", calcada no coletivo. Note-se que a canção é dedicada a Antonio Risério, pesquisador, poeta e defensor da mestiçagem cultural do Brasil, para quem "mestiçagem não significa abolição de diferenças, contradições, conflitos, confrontos, antagonismos. Mestiçagem não implica fim do racismo, da violência, da crueldade. E a melhor prova disso é o Brasil" (Risério, 2007, p. 65).

Essa Musa distensiona e mistura aquilo que o poeta parnasiano Olavo Bilac anotou em famoso poema, sintomaticamente chamado "Música brasileira":

> És samba e jongo, chiba e fado, cujos
> Acordes são desejos e orfandades
> De selvagens, cativos e marujos:
>
> E em nostalgias e paixões consistes,
> Lasciva dor, beijo de três saudades,
> Flor amorosa de três raças tristes.
> (Bilac, 1964, p. 263)

Desde a Tropicália, essa tríade que supostamente compõe a canção, isto é, a Musa brasileira, produz uma presença de feições pouco nítidas e nada distintivas no que se refere aos limites de cada instância, raça, desejo, pelo, face da nossa cultura. Eis a utopia tropicalista: "vamos refazer o mundo / teu buço louro, meu canto mestiçoso".

Se após-1970, no Brasil, o cancionista, "aquele que realiza uma alquimia com ingredientes de diversas áreas e obtém um produto autônomo" (Tatit, 1996, p. 273), é museu dessa Musa cantada por Tatit, Ná, Waly-Gil-Gal, Caetano, por sua vez, na letra de "Museu", Chico César (*Estado de poesia*, 2015) relaciona e amalgama essas Musas brasileiras a fim de afirmar um sujeito-museu cantor. Afinal, a relação de interdependência é espelhar entre a Musa e a voz cantante.

Os versos iniciais – "Musa eu sou seu museu" – indicam a apropriação musal feita pelo sujeito e seu desejo de ser visitado pela Musa. Para Giorgio Agamben, "a origem da palavra é musaicamente – isto é, musicalmente – determinada e o sujeito falante – o poeta – deve a cada vez prestar contas à problemática do próprio início" (Agamben, 2020, s/p.), daí que: "musa eu, sou seu museu / aberto pra visitação"; "minha musa é musa / que se aperfeiçoa / vai atrás / pra quem pede / sopra mais o seu perfume / agora inspira todos / mudou muito o seu costume / [...] / minha musa é musa / nunca satisfeita / [...] / agora inspira tantos / que já me causou ciúme"; e "a minha voz tão fosca / brilha por teus lábios bundos".

Aliado aos colegas cancionistas, Chico César libera a Musa da clausura que os museus se transformaram: lugar do seguro, da conservação, da memória envelhecida. Em oposição a isso, ele canta um "museu da mordida no lábio inferior / da língua solta / do verbo encarnado transcolor". Sendo o museu, etimologicamente, a casa das Musas, o museu passa a ser, ou volta a ser, o "jambo pendurado no jambeiro", como canta Chico César em estado musal, de poesia.

"Aberto pra visitação", o museu-sujeito criado por César, alinhado com a "Musa cruza" de Tatit, permite-se ser atravessado pela profusão de referências que marcam a entidade brasileira: "vai atrás". Museu da Luz (Portugal), Museu da Pessoa (São Paulo) e Espaço Cultural (Paraíba) são espaços físicos de conservação da nossa memória – viva na voz de quem a canta. O sujeito da canção incorpora tais referências, mas dá um passo além. Ele é também "museu da espera, e do encantamento". Rompe-se, aqui, com a visão tradicional de museu: "Musa eu sou seu museu da memória de ontem".

Para o sujeito, nesse novo modelo de museu, viver é estar na tensão entre o "calçamento ainda não pisado" e a "calçada explodindo em flor". Esse museu não guarda, não preserva, não tem reservas técnicas. Aplicam-se aqui os versos do poema "Guardar" (1996, p. 11), de Antonio Cícero:

> Guardar uma coisa não é escondê-la ou trancá-la.
> Em cofre não se guarda coisa alguma.
> Em cofre perde-se a coisa à vista.
>
> Guardar uma coisa é olhá-la, fitá-la, mirá-la por admirá-la,
> isto é, iluminá-la ou ser por ela iluminado.
>
> Guardar uma coisa é vigiá-la, isto é, fazer vigília por ela,
> isto é, velar por ela, isto é, estar acordado por ela,
> isto é, estar por ela ou ser por ela.
>
> Por isso melhor se guarda o vôo de um pássaro
> Do que um pássaro sem vôos
>
> Ainda que a Musa tenha perdido o significado cultural que tinha no mundo antigo, o estatuto da poesia depende ainda hoje do modo pelo qual o poeta sucede em dar forma musical à dificuldade de sua tomada de palavra – de como, isto é, consegue fazer própria uma palavra que não lhe pertence e à qual se limita a emprestar a voz (Agamben, 2020, s/p.).

Cantada, a palavra poética recupera sua potência de revelação e de ritual. O sujeito é o "espaço cultural a ser preenchido pelo beijo". O sujeito vive em "estado de poesia". As referências ao "museu do café amargo num copo grande" e do "museu do índio íntimo contemporâneo-mítico", além de evocarem um período arcaico e mitológico, cantam fragmentos da formação cultural já que, no primeiro caso, remete o leitor-ouvinte às oferendas feitas aos pretos velhos da Umbanda – guardiões da sabedoria e do tempo – e, no segundo caso, aos donos das terras desse lugar. O resultado desses contatos é o "museu do corpo / meu corpo e o seu / e do aprendizado em outros corpos". E quem senão uma "Musa cruza" para inspirar tal reflexão?

"Musa eu sou seu museu / da memória de ontem / do musgo / do mel / da música sem fim museu / enfim museu do mar / do cheiro de mar / museu", canta o sujeito. Chico César reforça o agravamento da crise do museu, daquilo que é previamente etiquetado, tombado, canonizado, entronizado, restituindo esse lugar à casa das Musas. Sendo o Humano o museu, essa Musa é móvel: vai atrás, conta, canta, tenta, sente, mostra, zela, troca e grita. Se em "Musa híbrida" Caetano Veloso tem ímpeto de "refazer o mundo", em "Museu" há a disposição do sujeito a serviço Musa: ele como permanente instrumento – "do somos do som do ué" – da conjunção e do espanto.

Esse indivíduo que é museu canta a mundivivência, ele é o José drummondiano em trânsito: canta possuído por aquela que "zela / que protela / a extinção" – "na poética pós / na genética pré". César e Tatit sabem que "O homem falante esquece que seu ser já sempre musicalmente disposto deve constitutivamente lidar com a impossibilidade de aceder ao lugar musaico da palavra" (Agamben, 2020, s/p.).

"Enquanto houver seres falantes, haverá cancionistas convertendo suas falas em canto" (Tatit, 2007, p. 230). Para Ruth Finnegan (2008, p. 13), "a canção é um fenômeno tão difundido por todos os tempos e culturas que pode sem dúvida ser considerada como um dos verdadeiros universais da vida humana". Fato é que, se as Musas aprenderam a escrever, a potência da canção popular brasileira, reativada na obra desses cancionistas críticos, mostra que é na produção de presença engendrada na voz humana que as Musas sobrevivem, mantendo acesa a promessa de acalanto e mudança.

REFERÊNCIAS

AGAMBEN, Giorgio. A música suprema. Música e política. Tradução de Pedro Rodrigues Naccarato. *Tradutores proletários*, 14 de setembro de 2020. Disponível em https://tradutoresproletarios.wordpress.com/2020/09/14/giorgio-agamben--a-musica-suprema-musica-e-politica/. Acesso em: 6 set. 2021.

BILAC, Olavo. *Poesias*. Rio de Janeiro: Livraria Francisco Alves, 1964. p. 263.

BOSI, Alfredo. *O ser e o tempo da poesia*. São Paulo: Companhia das Letras, 2000.

CAVARERO, Adriana. *Vozes plurais*: filosofia da expressão vocal. Tradução de Flávio Terrigno Barbeitas. Belo Horizonte: Editora da Universidade Federal de Minas Gerais, 2011.

CÉSAR, Chico. *Estado de poesia* [CD]. São Paulo: Chita Discos, 2015.

COSTA, Gal. *Minha voz* [CD]. São Paulo: Polygram/Philips, 1982.

FINNEGAN, Ruth. O que vem primeiro: o texto, a música ou a performance? *In*: MATOS, Cláudia Neiva de; TRAVASSOS, Elizabeth; MEDEIROS, Fernanda Teixeira de (org.). *Palavra cantada*: ensaios sobre poesia, música e voz. Rio de Janeiro: 7Letras, 2008. p. 13-43.

HAVELOCK, Eric. *A musa aprende a escrever*: reflexões sobre a oralidade e a literacia da Antiguidade ao presente. Tradução de Maria Leonor Santa Bárbara. Lisboa: Gradiva, 1996.

NUNES, Benedito. Antropofagia ao alcance de todos. *In*: ANDRADE, Oswald de. *Obras Completas*. v. 6. Rio de Janeiro: Civilização Brasileira, 1972.

OZZETTI, Ná. *Embalar*. [CD]. São Paulo: Circus, 2013.

RANCIÈRE, Jacques. *Políticas da escrita*. Tradução de Raquel Ramalhete, Laís Eleonora Vilanova, Lígia Vassalo e Eloísa de Araújo Ribeiro. Rio de Janeiro: Editora 34, 1995.

RISÉRIO, Antonio. *A utopia brasileira e os movimentos negros*. São Paulo: Editora 34, 2007.

SALOMÃO, Waly. *Poesia total*. São Paulo: Companhia das Letras, 2014.

SILVA, Fernando de Barros e. A canção, o rap, Tom e Cuba, segundo Chico. *Folha de São Paulo*, São Paulo: 26 de dezembro de 2004. Disponível em: https://www1.folha.uol.com.br/fsp/ilustrad/fq2612200408.htm. Acesso em: 25 jul. 2018.

TATIT, Luiz. *O cancionista*: composição de canções no Brasil. São Paulo: Editora da Universidade de São Paulo, 1996.

TATIT, Luiz. *Todos entoam*: ensaios, conversas e canções. São Paulo: Publifolha, 2007.

TATIT, Luiz. *Sem destino* [CD]. São Paulo: Dabliú, 2010.

TATIT, Luiz. *Palavras e sonhos* [CD]. São Paulo: Dabliú, 2016.

TATIT, Luiz. *Passos da semiótica tensiva*. Cotia: Ateliê Editorial, 2019.

TEIXEIRA, Pedro Bustamante. *Transcaetano*: trilogia Cê mais Recanto. São Paulo: Fonte Editorial, 2017.

VELOSO, Caetano. *Cê* [CD]. São Paulo: Universal Music, 2006.

WISNIK, José Miguel. A gaia ciência – literatura e música popular no Brasil. *In*: MATOS, Cláudia Neiva de; TRAVASSOS, Elizabeth; MEDEIROS, Fernanda Teixeira de (org.). *Ao encontro da palavra cantada*: poesia, música e voz. Rio de Janeiro: Ed. 7Letras, 2001.

"FEMINISMO NO ESTÁCIO": ALDIR BLANC, JOÃO BOSCO E A *MAIOR E VACINADA*

Lienne Aragão Lyra

"Feminismo no Estácio" é a décima faixa do álbum *Galos de briga*, de João Bosco. O álbum de 1976 conta com 12 faixas, todas assinadas pelos parceiros Aldir Blanc e João Bosco. A letra da faixa 10 consiste nas reclamações de um marido que não consegue impor suas vontades sobre uma mulher *maior e vacinada*:

> Saiu só com a roupa do corpo
> Num toró danado
> Foi pros cafundó-do-Judas
> Apanhou um resfriado
> Voltou com a blusa rasgada
> Entrou, não disse nada
> Tô com dor de cotovelo
> E com a cabeça inchada
> É de amargar, é de amargar
> Mas ela é maior e vacinada (2x)
>
> Meu chapa, eu caí das nuvens com cara-de-tacho
> Essa nega tá pisando em mim, essa não, não sou capacho
> Agora ando com a pulga atrás da orelha
> A telha dessa nega tá avariada
> Nega sem modos
> Só não chio nem te dou pancada
> Porque você é maior e vacinada (2x)
>
> Sempre que a nega me torra, penso em ir à forra
> Se o distinto tem problema igual, não é conse-
> lho, mas olha:
> Fique sabendo, quem se mete a manda-chuva
> Quase, quase sempre é um chove-não-molha
> Bem que eu queria dar com fé uma cacarecada
> Mas minha nega é maior e vacinada (2x)
> (Blanc; Bosco, 1976).

O samba retrata a vida amorosa de um casal em que a mulher comporta-se como bem quer, a contragosto de um marido que, em sua visão machista de mundo, sente-se humilhado pela liberdade da "maior e vacinada". Diminuído, lesado, ele gostaria de "aplicar um corretivo na mulher", aos moldes da malandragem do Estácio dos anos 1930, mas não consegue.

O desejo de bater nessa mulher negra, "maior e vacinada" é o que predomina na voz desse homem frustrado e, portanto, no fio narrativo criado pela letra em primeira pessoa. Talvez uma análise apressada da letra de 1976 pudesse levar os compositores ao "cancelamento" nos dias de hoje, mas assim como as outras 11 faixas de *Galos de briga*, há muito mais elementos, desde a vocoperformance de João Bosco à melodia, à harmonia, à instrumentação e a tantos outros, que criam camadas de interpretação cheias de múltiplos sentidos.

LINHAS TEMÁTICAS DE *GALOS DE BRIGA*

Nesse disco, que dá continuidade ao sucesso e ao mundo inventado por seu antecessor, *Caça à raposa,* de 1975, podem ser identificadas algumas linhas temáticas que demonstram a riqueza e a complexidade do universo concebido por Blanc e Bosco. Numa primeira linha, marcada pela crítica social, temos o "Rancho da goiabada" e "O ronco da cuíca", denunciando a realidade precária das "coisas dos home". Outra forma de crítica aparece na materialização de um "Brasil-Espanha", alegoria da ditadura, em "O cavaleiro e os moinhos", e na faixa-título "Galos de briga". Na segunda linha, marcada pela capacidade de Aldir Blanc de alcançar efeito poético nas imagens mais sórdidas, temos "Transversal do tempo", com suas certezas em ambulâncias, e a borboleta vadia de "Vida noturna".

Na terceira linha temos a imagem do casal suburbano, englobando metade do álbum. Podemos apreciar a figura apessoada de um galã do subúrbio que mostra seus dotes de sedução, em "Latin lover", "Rumbando" e "Miss suéter", e nas três canções restantes temos a flamenguista de "Gol anulado", a "peste" dominadora de "Incompatibilidade de gênios" e a "maior e vacinada" de "Feminismo no Estácio". Nessa faceta do "casal suburbano", elas mexem com os papéis de gênero e subvertem o cotidiano esperado dos homens.

Apresento aqui a hipótese de que a "maior e vacinada" de "Feminismo no Estácio" transforma este marido num "malandro otário". Ela domina a relação: esse homem que sonha em ser um malandro notório sabe que é ela quem manda. Nessa hipótese, temos em "Feminismo no

Estácio" não apenas um agressor frustrado, mas um homem humilhado, dominado, engabelado, achincalhado, emasculado e, o pior, aquilo que para ele é indizível: "corno".

ANÁLISE MUSICAL

A construção dessas camadas de sentido, como veremos, só se completa ao analisar a relação letra-música de forma integrada. Por isso, realizarei também análises no plano musical, buscando tangibilizar os conceitos da Música tanto quanto possível. Decerto, os conceitos serão apresentados de forma simples e direta, sem preocupação com desvios e exceções, para auxiliar o leitor de outras áreas.

A tonalidade do samba é Dó maior – isso significa que aquela sensação de que a música terminou, de que uma frase musical está completa, dá-se na nota Dó; além disso, o ambiente onde esse repouso acontece é de natureza maior. Comumente costuma-se comparar o ambiente maior *versus* menor ao par alegria *versus* tristeza, certamente uma redução. Mas, para comparação, podemos ouvir uma tonalidade maior em "Feminismo no Estácio" e uma menor em "Gol anulado".

O andamento, ou a velocidade do ritmo, gira em torno dos 110 bpm (batidas por minuto). Com oscilações, o andamento indica que o samba foi gravado sem metrônomo,[1] com os músicos tocando e se ouvindo ao mesmo tempo. É percebido como um samba "pra frente" – como dizemos na roda de samba quando ouvimos um andamento mais rápido.

Quanto à harmonia, ou seja, ao acompanhamento feito por instrumentos que tocam notas musicais concomitantes, temos muitos acordes simples que remetem à tradição do choro. Eles ocorrem reiteradamente na chegada ao repouso da tonalidade, o acorde de C (Dó maior).

Esses acordes, denominados *tríades*, consistem em apenas três notas simultâneas. No nosso caso, essas notas são Dó, Mi e Sol. Decerto, isso é apenas uma tendência; o choro tem muitas outras ferramentas para conferir interesse e complexidade à sua linguagem. O efeito obtido com a simplicidade desses acordes é uma sensação forte de familiaridade quando a música repousa nos finais de frase.

---

[1] Metrônomo é um aparelho que marca um "clique" em velocidade constante para que o músico não perca o andamento.

Figura 1 – Gestos melódicos no refrão de "Feminismo no Estácio"

[partitura musical]

Fonte: diagramação, análise e marcação da autora, com base em Chediak, 2003

A harmonia do refrão mostra a reiteração da tonalidade, com a repetição do acorde de Dó maior no início de cada frase musical e também ao fim do período. A análise (em algarismos romanos) aponta para uma construção bastante simples dos caminhos harmônicos. Isso abre as portas para que outros elementos ganhem maior destaque, como o suingue da percussão em diálogo com o cavaquinho e, sobretudo, para a performance vocal de Bosco.

Ao cantar a melodia, que é o esqueleto da música, aquilo que se pode casualmente assobiar, João Bosco confirma os padrões rítmicos do samba. As articulações de seu canto assemelham-se muito, inclusive, ao toque de tamborim característico do Estácio.

Figura 2 — Comparação de padrões rítmicos do tamborim do Estácio e do canto de João Bosco

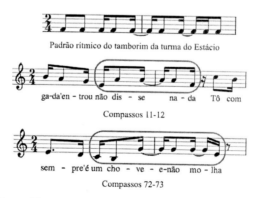

Fonte: diagramação, análise e marcação da autora

Apenas observando a partitura é possível perceber muitas semelhanças entre o padrão do tamborim do Estácio e o canto de João Bosco. O aspecto rítmico mostra-se no plano horizontal da pauta: ao olhar para esse parâmetro, identificamos uma estrutura comum nos três exemplos, e o restante apresenta poucas variações. Ao ouvir o samba podemos perceber o casamento do canto de João Bosco com a percussão de forma reiterada – pelo menos esse casamento funciona.

O INDIZÍVEL REPETIDO NO REFRÃO

Observando os versos temos pistas daquilo que o eu-lírico parece não querer verbalizar com todas as letras: a mulher saiu sozinha e, mesmo sob chuva forte, foi para longe; ao voltar, tinha a roupa rasgada e não lhe deu satisfações. A expressão "dor de cotovelo" aparece como eufemismo para sua indizível dúvida: ele teme ser "corno". A "pulga atrás da orelha" indica que ou ele ainda não tem certeza, ou ainda está mentindo para si mesmo.

O refrão ilustra como o sentimento do personagem amplifica-se quando letra e música fundem-se, potencializando os sentidos da canção. Observemos os gestos melódicos na partitura:

Figura 3 – Gestos melódicos no refrão de "Feminismo no Estácio"

Fonte: diagramação, análise e marcação da autora, com base em Chediak, 2003

A melodia do refrão inicia-se na nota Dó 3 e termina na mesma nota em registro mais grave, uma oitava[2] abaixo, ou seja, Dó 2. O movimento é descendente, em três gestos que, juntos, formam um grande e

---

[2] Oitava: intervalo entre duas notas musicais em que temos exatamente a mesma nota, uma soando mais grave e outra mais aguda. Pensando numa sequência muito comum de sete notas musicais temos: Dó, Ré, Mi, Fá, Sol, Lá, Si. Se quisermos continuar a sequência, a próxima nota, a oitava nota, será outro Dó.

cômico lamento. A canção tem poucas notas longas: cada "É" do refrão tem o dobro de duração das outras notas que poderiam ser consideradas longas.

Por isso, esse início do refrão destaca-se: João Bosco sustenta a nota Dó 3, que é também uma das mais agudas de toda a melodia, para, em seguida, ir descendo aos poucos, em graus conjuntos, notas vizinhas uma da outra. A seguir, a melodia desce num gesto mais vertical (com o arpejo[3] descendente de Dó maior), e, no gesto final, faz um híbrido dos anteriores em mais um movimento descendente. Isso porque o terceiro gesto começa em graus conjuntos e, então, apresenta um salto grande para baixo antes de voltar à nota Dó e ao acorde de C (Dó maior).

Tudo isso está a serviço do sentido da canção: quando começa a dizer "É" no verso "É de amargar", o personagem tem fôlego para reclamar da mulher; ainda se mostra indignado, o que o leva a cantar com vigor uma nota aguda. Ao longo dos três movimentos, ele parece ir desistindo, sua voz desabando, definhando: é um lamento de alguém impotente. O efeito é potencializado quando o personagem refere-se diretamente à mulher: no trecho "Mas ela", fica intimidado tão rapidamente que acaba descendo aos saltos, num arpejo.

Assim, o homem traído começa o refrão indignado a plenos pulmões, mas não é capaz de fazer frente à mulher e despenca derrotado. Essa ideia é reforçada quando comparamos a duração do primeiro Dó e do último: a nota longa do início quase não tem eco. Ao final, além de estar em registro mais grave, a nota Dó aparece em tempo fraco (recebendo menos destaque) e com pouquíssima duração. Como a tonalidade do samba é Dó maior, a sensação de completude, de repouso, deveria ocorrer ali, na nota Dó, especialmente por ser um final de frase. No entanto a melodia quase não repousa – e o personagem também não.

A DICÇÃO DE JOÃO BOSCO

A letra de Aldir Blanc traz diversas expressões populares e carrega o ouvinte para os bares do morro do São Carlos, para a atmosfera do Estácio, bairro em que o compositor morou quando jovem. Espertamente, João Bosco interpreta o samba com dicção quase falada, articulando muito

---

[3] Arpejo: quando se toca, uma por uma, uma sequência de notas que formariam determinado acorde, se fossem tocadas ao mesmo tempo. No caso, foi feito um arpejo descendente de C (Dó maior) porque a melodia tem as notas Sol, Mi e Dó uma após a outra.

bem as palavras e sem valorizar os saltos e notas longas. Usa também muitos portamentos, em que desliza de alguma outra nota até chegar à pretendida, para dar uma ideia de imprecisão às notas.

A performance vocal de João Bosco é talvez o elemento que mais concorre para o desvendar dos sentidos de "Feminismo no Estácio". Acompanhando a letra ou não, é possível ouvir o resmungar, a vozinha chorosa e reclamona do personagem; por exemplo, no verso "Tô com dor de cotovelo". Aldir Blanc ainda nos prega uma peça no verso seguinte, que Bosco deixa em aberto para o duplo sentido com sua interpretação. No verso "E com a cabeça inchada", Bosco acentua a sílaba "be", arredondando-a com um portamento.

O conjunto das letras de Aldir Blanc não nos deixa crer que a tal "cabeça inchada" resume-se às decepções amorosas insinuadas nessa expressão popular. Tampouco o personagem está acometido de uma grave dor de cabeça. Ainda, os portamentos de João Bosco, sua forma de "engordar" uma sílaba para em seguida "jogar fora", tudo isso carrega intencionalidade, abrindo para interpretações que põem em dúvida até de qual cabeça estamos falando.

O próprio João Bosco credita muito de seus trejeitos no canto à vocoperformance de Clementina de Jesus, grande representante do samba, cantora que só fez sucesso depois dos 60 anos. Ao ser perguntado sobre ela, João enfatiza a ancestralidade de Clementina e todo seu conhecimento de uma cultura de tradição oral:

> Ela entortava a boca e dizia umas coisas, uns sons que eu... [...]. Quando ela dizia aqueles sons, que a Clementina nunca estudou nada do ponto de vista da... da palavra [*gesto de escrita*]. Tudo dela era oral. Ela ouvia. [...] Com uma espécie de varinha mágica, ela acabou despertando em mim o que eu tinha dentro e não botava para fora. Depois dela eu comecei a fazer essas cantorias todas: *airascindirascindirô iguimadalerô lacadalerô lacadalerô diquimadessalera*. Aí eu soltei. Cheguei a fazer o *Cabeça de Nego*, que é um disco extremamente influenciado por tudo que eu aprendi com ela, e acabei fazendo aquela trilha para o Grupo Corpo, cujo título foi o *Benguelê*. (Bosco, 2017, s/p., grifos meus).

Observando o canto de João Bosco a partir das contribuições teóricas de Luiz Tatit, podemos perceber as particularidades de um elemento de fundamental importância na canção popular: a *dicção*. João Bosco atinge com a influência de Clementina de Jesus uma interpretação com efeito de *figurativização*, em que o ritmo e a entonação emulam a fala.

> A tendência à figurativização pode ser avaliada pela exacerbação do vínculo simbiótico entre o texto e a melodia. O pólo extremo desse processo é a própria linguagem oral, na qual as entoações agem sobre o sentido geral da mensagem, mas sujeitando-se inteiramente às determinações linguísticas. Esporadicamente, surgem esses casos limites na canção popular (exemplo: "Deixa isso pra lá", "Não quero ver você triste"). Via de regra, porém, a figurativização é utilizada com equilíbrio e parcimônia, dividindo sua atuação com os recursos musicais de estabilidade melódica (Tatit, 2012, p. 21).

Como sugere Tatit, há outro efeito que também se manifesta em "Feminismo no Estácio". Por ser um samba e ter as marcas do gênero bem delimitadas no arranjo e na melodia, a faixa também apresenta *tematização,* com a predominância de ataques consonantais e de formas de ritmo e melodia típicas do gênero.

Como mencionado na análise melódica, é notória a ausência de notas longas, que seriam um contraponto ao ambiente produzido. Boa parte do efeito cômico da interpretação de João Bosco é que até mesmo nos breves momentos de maior estabilidade melódica de "Feminismo no Estácio", o cancionista coloca a inflexão da fala e ouvimos em seu timbre as lamúrias de um homem traído.

O VIOLÃO DE DINO SETE CORDAS – DISCURSO ALÉM DA LETRA

Há outra questão fundamental no arranjo de "Feminismo no Estácio" para o disco de 1976. Como vimos, a harmonia escolhida para a gravação foi bastante simples, com poucos acordes, sendo eles muitas vezes tríades (acordes com as três notas principais, sem outras notas que acrescentam tensão), o que, à primeira vista, poderia se refletir numa harmonia "chapada", bastante simples.

A canção também tem estruturas repetitivas na harmonia e na melodia, bem como em sua "forma", a organização das frases musicais. Talvez houvesse a intenção de insinuar que o cotidiano do casal era sempre assim, que a dinâmica entre os dois também se repetia. Algumas perguntas surgem para o personagem-narrador: por que ele não sai desse casamento? O que ela tem de bom para ele? Será que é ela quem sustenta a casa? Ou será que ela o intimida tanto que ele tem medo de deixá-la?

Revolvendo por baixo da monotonia na forma e no plano harmônico, no entanto, está um elemento surpreendente, decisivo. O violão de aço de Dino Sete Cordas "corre solto", criando uma linha melódica independente em registro mais grave ao longo de toda a gravação. O cavaquinho e a percussão estão "suingando" como esperado num fonograma de samba com essas características. Mas o violão de Dino, com sua linguagem típica do choro, aparece com destaque e com evidente liberdade para improvisação em toda a faixa.

Figura 4 – O violão de aço de Dino Sete Cordas

Fonte: diagramação, análise e marcação da autora, com base em Chediak, 2003

Se a letra só reflete o discurso do marido, o violão de Dino Sete Cordas deixa entrever o lado da mulher nessa história. Pela letra, podemos supor que ele seja "corno", dialogando com a dúvida dele próprio. Pelas cordas de aço é possível vislumbrar por quais lugares essa mulher passou, o que fez, quem encontrou. Isso porque, por exemplo, a sinuosa linha melódica do violão articula mais notas do que a melodia, de forma independente dela.

No trecho assinalado, temos um movimento marcante do sete cordas: ele salta da nota Sol 2 para Sol 1 repetidas vezes, tocando vigorosamente em dinâmica forte. Sempre entre um refrão e outro, o violão de Dino aplica esse efeito de cortadas: podemos imaginar como é a relação do casal em casa, adivinhar até quem é maior fisicamente e quem apanha. Nós não ouvimos a voz da mulher na letra, mas ela também "pinta e borda" nos bordões do sete cordas.

POR QUE "NO ESTÁCIO"?

A referência direta ao bairro do Estácio só é feita no título, dando a entender que há muitos elementos extratextuais, insinuados pela letra e pela música, responsáveis pela produção de sentido nesse samba. Um elemento decisivo é a temática da malandragem, muito presente nos sambas da turma do Estácio dos anos 1930. Mas qual seria a relação entre os malandros que andavam com Ismael Silva, Bide e Marçal e esse casal suburbano do "malandro otário" e da "maior e vacinada?".

Se indagarmos à literatura brasileira a respeito da malandragem, o romance *Memórias de um sargento de milícias*, de Manuel Antônio de Almeida, publicado em 1852, é um dos que melhor capturou a atmosfera que gestou os malandros do Estácio dos anos 1930. O próprio narrador admite acompanhar a época com "fidelidade" a fim de "esboçar uma parte dos costumes" (Almeida, 2012, p. 177).

Esta passagem mostra que o malandro típico já se anunciava em Almeida:

> Havia um endiabrado patusco que era o tipo perfeito dos capadócios daquele tempo, sobre quem há muitos meses andava o major de olhos abertos, sem que entretanto tivesse achado ocasião de pilhá-lo; sujeitinho cuja ocupação era uma indecifrável adivinhação para muita gente, sempre andava entretanto mais ou menos apatacado; tudo quanto ele possuía de maior valor era um capote em que andava constantemente embuçado e uma viola que jamais deixava. Gozava reputação de homem muito divertido, e não havia festa de qualquer gênero para a qual não fosse convidado. Em satisfazer a esses convites gastava todo o seu tempo. [...] Tocava viola e cantava muito bem modinhas, dançava o fado com grande perfeição, falava *língua de negro,* e nela cantava admiravelmente (Almeida, 2012, p. 176, grifo do autor).

Desde os tempos de *Memórias de um sargento de milícias* até o surgimento do típico malandro carioca, pouca coisa mudou senão os gêneros musicais entoados. No samba "Escola de malandro", de Ismael Silva, Noel Rosa e Orlando Luiz Machado, temos um retrato completo do malandro do Estácio, típico dos anos 1930, com um "proceder" muito parecido com o dos personagens de Manuel Antônio de Almeida:

> A escola do malandro
> É fingir que sabe amar
> Sem elas perceberem

Para não estrilar
Fingindo é que se leva vantagem
Isso, sim, que é malandragem
(Quá, quá, quá, quá...)
Isso é conversa pra doutor?

Oi, enquanto existir o samba
Não quero mais trabalhar
A comida vem do céu
Jesus Cristo manda dar

Tomo vinho, tomo leite
Tomo a grana da mulher
Tomo bonde e automóvel
Só não tomo Itararé

Oi, a nega me deu dinheiro
Pra comprar sapato branco
A venda estava perto
Comprei um par de tamanco

Pois aconteceu comigo
Perfeitamente o contrário
Ganhei foi muita pancada
E um diploma de otário.
(Machado, Silva e Rosa, 1932).

Mesmo oitenta anos depois, temos diversos elementos em comum entre as figuras: a relação com a música – deslocada da modinha para o samba; a figura do capadócio e sua intenção de enganar e lesar os outros; a exibição de roupas, sapatos e até carros; a incógnita a respeito da origem desse dinheiro, seja do jogo, dos céus ou da mulher. O samba de Noel, Orlando e Ismael ainda atualiza as temáticas, incluindo a relação de dominação sobre a mulher e, justamente, a figura do "otário" que apanha.

Antonio Candido, em *Dialética da malandragem*, analisa o romance de Almeida e situa o imaginário dos 1850 no mesmo lugar dos malandros dos anos 1930. Candido descreve as motivações do malandro e, de quebra, mostra que o resultado das suas ações é o prejuízo do "otário".

O malandro, como o pícaro, é espécie de um gênero mais amplo de aventureiro astucioso [...]. Pratica a astúcia pela astúcia (mesmo quando ela tem por finalidade safá-lo de uma enrascada), manifestando um amor pelo jogo-em-si que o afasta do pragmatismo dos pícaros, cuja malandragem visa quase sempre ao proveito ou a um problema concreto, lesando frequentemente terceiros na sua solução (Candido, 1970, p. 71).

É quando entendemos a atuação do malandro que podemos vislumbrar a trama tecida sobre o bairro do Estácio na letra de Aldir Blanc. Compreendemos que o "feminismo" de "Feminismo no Estácio" é a subversão da malandragem, seu outro, o revide da "acentuada misoginia" denunciada por Candido (1970, p. 70). Em vez de correr o risco de apanhar do marido, a "maior e vacinada" é quem pisa nele e o faz de capacho.

O ESTÁCIO, A "MAIOR E VACINADA" E O "MALANDRO OTÁRIO"

Outro fator determinante para que o feminismo dessa mulher preta, "maior e vacinada", seja o revide da acentuada misoginia malandra, é a relação com o espaço urbano e suas idiossincrasias. "Feminismo no Estácio" entrecorta o cenário do Rio de Janeiro suburbano dos anos 1970 com o imaginário dos malandros de um Estácio de 1930, de personagens históricos, como Baiaco e Brancura, que nunca largavam da navalha e tinham histórico de agressão às mulheres.

Que essa mulher saia na chuva, cruze a cidade, volte com a blusa rasgada, "pise" nesse homem sem cerimônia e o faça de "capacho" em pleno morro do São Carlos é um acinte àqueles homens escorregadios e violentos, que ostentavam superioridade às mulheres. Giovanna Dealtry (2022, p. 98) explicitou a relação do malandro com a mulher em *No fio da navalha*:

> Um dos tópicos caros aos sambas malandros: a oposição entre a mulher e a orgia. Com raras exceções, a mulher na composição malandra ocupa papéis rígidos, alvo do machismo, e são apresentadas ou como pertencentes ao mundo da orgia, desgraçando a vida do homem, ou como motivo para a regeneração via amor e casamento. Ao contrário do enunciado malandro, a mulher é retratada de forma plana, sem voz discursiva, apenas objeto do desejo do homem.

Como oposto dos malandros surge a figura do malandro otário, aquele que gostaria de ser um, mas é apenas passado para trás pelo verdadeiro. "Escola de malandro" e outros sambas de Ismael Silva também mencionaram a figura do *"otário"*, como "Tristezas não pagam dívidas", gravado em 1973. O samba mostra um homem lesado (inclusive) financeiramente pela mulher: "O homem deve saber / Conhecer o seu valor / Não fazer como o Inácio / Que andou muito tempo / Bancando o Estácio" (Silva, 1973).

Pelos sambas de Ismael e outros bambas do Estácio – em especial no samba de Silva, Machado e Rosa, no romance de Manuel Antônio de Almeida e nos argumentos de Candido e Dealtry – traçamos o perfil social e psicológico do malandro. Com isso, podemos atinar as atitudes que fazem da "maior e vacinada" o reverso, o revide do malandro. Ela utiliza-se do que Giovanna Dealtry denominou "estratégias de malandragem" (2022, p. 95).

> Se "malandro", ainda hoje, é um termo carregado de historicidade, remetendo-nos inexoravelmente ao sambista ou aos valentões da Lapa dos anos 1930, "malandragem" torna-se uma prática – um conjunto de estratégias – até certo ponto, independente da classe social, "raça" ou da geografia da cidade (Dealtry, 2022, p. 56).

Giovanna associa essas estratégias à relação com o espaço urbano, a um transitar em deslizes pelos mais variados cenários e gentes (2022). Metaforizando-se, o malandro está sempre em diferenciação perante o outro (2022) – é o "malandro" contra o "malandro otário", que se pretendia "mais malandro". Na composição do malandro histórico, o componente de raça e de classe tem grande importância; já num "legado de malandragem", outros grupos podem utilizar estratégias que perpetuam o "proceder" e o imaginário do malandro.

Aos fatos: nossa "maior e vacinada" metaforiza-se na canção na forma do violão de aço de Dino Sete Cordas; sai só com a roupa do corpo para o "cafundó-do-Judas" num toró danado; impõe-se fisicamente e não leva uma surra (quem sabe não dá?). Em Blanc e Bosco, é essa mulher negra e periférica que sabe, de fato, o que é feminismo, que vale mais numa prática subversiva ou até violenta do que na teoria acadêmica.

AS ESTRATÉGIAS DA "MAIOR E VACINADA"

Se partimos de uma impressão de que "Feminismo no Estácio" seria uma apologia da violência à mulher, uma análise atenta desse samba revela muitas outras camadas de interpretação – multiplicidades capazes de invalidar a primeira impressão. Ao longo da nossa análise, desvelamos as variadas estratégias de subversão da dominação e da violência sofridas pela mulher no universo do samba do bairro do Estácio.

A análise musical situou o samba dentro do paradigma do Estácio, demonstrando que a articulação de João Bosco segue à risca os famosos tamborins de Luna, Marçal e Eliseu. A linguagem do choro abraça o samba e, em sua rica simplicidade, abre os caminhos para a dicção de Bosco e para as estratégias da "maior e vacinada".

Sobre o canto de João Bosco, vimos que a predominância da figurativização cria efeitos de sentido que revelam um homem humilhado, ferido em sua "macheza". Para isso, Bosco traz na vocoperformance efeitos cômicos ao reproduzir uma articulação de oralidade, a emulação da fala chorosa de um homem que vivencia o indizível: é "corno". O refrão mostra que as atitudes daquela mulher fazem-no definhar aos poucos, murchar seu grito de indignação, que começa com um "É" longo a plenos pulmões e termina num resmungo pelo fato de ela ser "maior e vacinada".

O violão de Dino Sete Cordas acrescenta outras camadas de sentido ao deixar entrever o discurso dessa mulher, metaforizada nos ataques do violão de aço, sem que ela precise dizer uma palavra. A linguagem do choro é o berço de Dino, que em caminhos inventivos improvisa cortadas e sugestivas baixarias no sete cordas, bordões que ilustram como a *maior e vacinada* desliza nas ruas e manda na casa.

Vimos, por fim, a relação entre a canção, o casal e o bairro do Estácio, cuja chave é o momento emblemático dos anos 1930, época de Deixa Falar, de Ismael Silva e sua turma, a primeira escola de samba. Época áurea dos malandros, que tinham por símbolo a Lapa, mas que também povoavam o bairro e os sambas do Estácio.

A junção dos fatores que observamos, desde a letra à análise rítmica, harmônica e melódica, faz inferir a metaforização da "maior e vacinada" nesses elementos. É ela quem provoca a humilhação, é ela quem intimida um "malandro otário", que chega a falar frouxo quando pensa nela; é ela quem se desloca pelas ruas com destreza e improvisa seus passos como bem quer. À luz do conceito de Giovanna Dealtry, podemos afirmar que nossa "maior e vacinada" utiliza-se dessas "estratégias de malandragem" para subjugar o "malandro otário" do seu marido.

REFERÊNCIAS

ALMEIDA, Manuel Antonio de. *Memórias de um sargento de milícias.* 6. ed. São Paulo: Martin Claret, 2012.

CANDIDO, Antonio. Dialética da malandragem. *Revista do Instituto de Estudos Brasileiros*, São Paulo, v. 8, p. 67-89. 1970.

CHEDIAK, Almir. *Songbook João Bosco.* v. 3. Rio de Janeiro: Lumiar, 2003.

DEALTRY, Giovanna. *No fio da navalha:* malandragem na literatura e no samba. Rio de Janeiro: Malê Edições, 2022.

MACHADO, Orlando Luiz; SILVA, Ismael; ROSA, Noel. Escola de malandro. *In: Noel pela primeira vez.* v. 3. Rio de Janeiro: Velas/Funarte, 2000. Gravação original, 1932.

SILVA, Ismael. Tristezas não pagam dívidas. *In*: SILVA, Ismael. *Se você jurar.* Rio de Janeiro: RCA/BMG, 1973.

TATIT, Luiz. *O cancionista:* composição de canções no Brasil. São Paulo: Editora da Universidade de São Paulo, 2012.

FROM THE RITZ TO THE RUBBLE: ALEX TURNER CONVERSA COM JOHN COOPER CLARKE

Marcela Santos Brigida

Em 2006, o Arctic Monkeys atraiu a atenção dos principais veículos de jornalismo musical no Reino Unido. Com o lançamento de *Whatever people say I am, that's what I'm not*, a banda de Sheffield bateu o recorde de vendas de um álbum de estreia na semana de seu lançamento, com 363.735 cópias compradas por fãs entusiasmados, que formavam filas antes mesmo de as lojas abrirem (Marshall, 2006).

Buscando registrar a "semana de quebra de recordes" da banda, Julian Marshall, da *NME*, acompanhou o Arctic Monkeys em turnê, entrevistando seus membros a respeito do sucesso aparentemente súbito. A matéria em questão foi uma das primeiras a registrar as afiliações literárias que orientaram o projeto do principal compositor do grupo, Alex Turner.

Se a sonoridade de *Whatever* levou o Arctic Monkeys a ser rapidamente associado às bandas que definiram o *indie rock* dos anos 2000, como The Strokes, The Libertines, Interpol, The Kooks e The Yeah Yeahs, uma leitura atenta da entrevista com Jim Abbiss, o produtor do álbum, poderia ter preparado os ouvintes do grupo para a política de constante reinvenção criativa que definiria o Arctic Monkeys a partir do seu terceiro álbum, *Humbug*.

A cada novo álbum, a banda passou a experimentar não apenas gêneros musicais diferentes, mas também variadas linguagens em suas letras, produzindo a partir da performance dos componentes, de suas roupas ao comportamento no palco e entrevistas, das artes visuais exploradas nos encartes dos álbuns e nos videoclipes e das escolhas de *setlist*, narrativas inéditas a cada novo projeto.

Tal maleabilidade, que remonta a artistas como David Bowie e Radiohead, frustrou e segue frustrando ouvintes que esperam a manutenção da sonoridade *indie* de *Whatever people say I am, that's what I'm not* (2006) e de *Favourite worst nightmare* (2007) ou do *rock'n'roll* do lançamento mais bem-sucedido da banda em termos comerciais, *AM* (2013). Em conversa com Marshall, Abbiss explicou:

> Alex estava muito interessado na ideia de contar uma história por inteiro ao longo do álbum; a vida e o que eles fazem. Então sugeri que gravássemos na ordem da história. Gravamos uma canção por dia. A cada dia fazíamos uma canção nova na ordem do álbum (Marshall, 2006, p. 23).

Se Alex Turner produz o álbum enquanto narrativa, torna-se patente que, a fim de contar novas histórias a cada projeto, o compositor deverá explorar diferentes ferramentas, da identidade de seus sujeitos cancionais a arranjos e complexos metafóricos. Aceitando que as canções de *Whatever*, ouvidas em sequência, são componentes de um enredo, é interessante revisitar as referências poéticas e literárias que atravessaram esse projeto.

A frase que deu origem ao título do álbum, *Whatever people say I am, that's what I'm not"* – o que quer que digam que eu sou é o que não sou –, é recortada de uma fala de Arthur Seaton, protagonista do romance *Saturday night and sunday morning*, de Alan Sillitoe. Embora Turner tenha declarado ter se inspirado na adaptação cinematográfica da obra (1960), estrelada por Albert Finney, as raízes literárias do álbum são facilmente rastreáveis.

Na cultura de adaptação de obras associadas ao realismo *kitchen sink* inglês, os roteiros de produções audiovisuais baseadas em peças e romances foram frequentemente produzidos por seus autores originais. Assim, Sillitoe assina o roteiro de *Saturday night and sunday morning*, tendo permanecido envolvido com a produção do filme. Assim, a canção de Alex Turner já nasce investida de uma herança literária com marcações regionais: da narrativa da geração dos chamados *Angry young men* à cadência nortista da poesia punk de John Cooper Clarke, o compositor reveste-se de referências que fogem ao padrão londrino a fim de produzir um fraseado próprio. Neste capítulo, serão exploradas algumas dessas referências a fim de pensar genealogias musicais, literárias e artísticas a partir da conversa que Turner desenvolve com John Cooper Clarke.

Em um encontro promovido pela revista *MOJO* em 2007, Alex Turner, então aos 20 anos de idade, já era compositor de um álbum de sucesso. Durante o processo de gravação do segundo, teve a oportunidade de entrevistar John Cooper Clarke, poeta que teve influência formativa em sua escrita, composição musical e performance.

Ao longo de uma conversa que se dá primariamente entre os dois artistas, o jornalista que assina a peça faz intervenções pontuais. No texto introdutório que precede a *raison d'être* da matéria, isto é, registrar as trocas entre Clarke e Turner, Pat Gilbert sugere um ponto de acesso para ler a conversa – não apenas aquela que o artigo propõe-se a editar e transcrever, que nasce de um encontro em um *pub* no East End de Londres, mas outra que se dá em um plano mais amplo de esforço criativo, entre influências e intertextualidades:

> Turner citou Clarke como uma influência em várias entrevistas anteriores, e os paralelos entre "From The Ritz To The Rubble" dos Monkeys – "Last night, these two bouncers and one of em's alright. The other one's the scary one and his way or no way, totalitarian" – e a joia do poeta punk de meados dos anos 70, "Salome Maloney", são impressionantes o suficiente para sugerir um certo grau de homenagem (Gilbert, 2007, p. 44).

Gilbert insiste no paralelo ao longo da entrevista. Após Clarke responder uma pergunta de Turner sobre o início de sua carreira nos palcos performando poesia autoral, o jornalista interrompe para sugerir uma guinada. "From The Ritz to the Rubble e Salome Maloney possuem temas muito parecidos" (Gilbert, 2007, p. 44), ele afirma. A interrupção parece aborrecer Turner, que redireciona a entrevista para o tema anterior, entre performances e casas de show: "Para ser sincero, ouvi essa música depois de escrever a canção. Mas é uma das minhas favoritas do John" (Gilbert, 2007, p. 44). Na sequência, o compositor volta a dirigir-se diretamente a Clarke: "A sua é sobre o Manchester Ritz? Tocamos lá com o The Coral" (Gilbert, 2007, p. 44).

Interessa-nos pensar o paralelo entre "From the Ritz to the Rubble" e "Salome Maloney" a partir do ponto que Turner, ora entrevistador, sugere. O ponto de acesso é a performance e somente a acessamos aqui – se tal acesso ou reconstrução é, de fato, possível – por meio da conversa não mediada, não direcionada, para atender aos fins editoriais da revista. Davi Pinho sugere a conversa como um método filosófico-literário (2020, p. 128). Gostaria de estender essa proposta de pensar e construir significados de forma processual e coletiva à leitura das instâncias de intertextualidade entre o poema de Clarke e a canção de Turner, instâncias que não são exclusivamente verbais.

O aborrecimento de Turner com a interrupção da figura mediadora amplifica a pertinência da leitura dessa troca a partir da conversa, especialmente se rastrearmos, como Pinho fez, as raízes etimológicas de *converse* na língua inglesa. O pesquisador recorre ao *Oxford Dictionary* para sinalizar que "as acepções de *converse* variam de 'a fala livre entre seres humanos' até 'ser familiarizado com' ou ainda 'estar engajado em' algo" (2020, p. 118). Perseguindo esse entendimento da "fala livre", Pinho entende a conversa em contraste com o diálogo como uma dinâmica em que "várias vozes que não se direcionam a uma verdade do argumento".

Assim, Turner confunde intencionalmente o jornalista com uma inverdade, recusando a sugestão de referência e optando por uma noção de influência que possibilita a retomada da conversa. Ao posicionar como leitor/ouvinte, Turner volta-se para a materialidade da cena delineada no poema, a casa Manchester Ritz, evoca a identidade nortista compartilhada com Clarke e permite que seu entrevistado retome a conversa interrompida.

Na sequência, Clarke confirma a referência ao Manchester Ritz e lamenta o fato de que a casa enfrentava, naquele momento, a ameaça de ser fechada, questionando a falta de iniciativas de preservação. Turner concorda e acrescenta: "O Ritz, principalmente no Norte, parecia um lugar romântico, onde os pais das pessoas costumavam se encontrar" (Gilbert, 2007, p. 44).

Fundado em 1927 como um *dance hall*, o Ritz transformou-se em casa noturna na década de 1960, período em que recebia com frequência semanal bandas do movimento Merseybeat. Além de ter sido palco de apresentações de uma série de bandas britânicas – dos Beatles aos Smiths, as associações do Ritz com o *kitchen sink* consolidam-se no imaginário cultural quando a casa é usada como locação para a adaptação cinema-tográfica (1961) de *A taste of honey* (1958), peça de Shelagh Delaney.

Embora não tenha fechado as portas de maneira definitiva, o ele-mento romântico que Turner e Clarke enalteceram parece ter se perdido em meio a uma série de aquisições, com o Ritz hoje integrando uma das maiores redes de casas de show do Reino Unido.

A casa foi reformada alguns anos após a entrevista, em 2011, sob a administração para a rede de lojas de discos e acessórios musicais HMV. Em 2015, o Ritz foi finalmente adquirido pela Live Nation e teve o nome alterado para O_2 Ritz Manchester. O_2 é o nome fantasia da Telefonica UK Limited, a maior operadora de telefonia móvel do Reino Unido. A corporação impôs o nome em questão a dezenas de casas de show – históricas ou não – em todo o território britânico.

Para além do contexto dessa conversa, Turner não se importou em reconhecer a referência a Salome Maloney, o que ressalta seu desconforto com a interrupção. Anos mais tarde, em fala gravada para o documentário *Evidently... John Cooper Clarke* (2012), o compositor retrairia sua negação:

> Tem essa canção, "From the Ritz to the Rubble", no nosso primeiro álbum que é tipo... Sim, é como um poema de Johnny Clarke, suponho, ou minha melhor tentativa, pelo menos. Se eu não o tivesse visto fazendo suas coisas, não teríamos começado a escrever assim.

É generoso e significativo o reconhecimento que Turner faz dessa influência formativa, além de proporcional à contribuição de Clarke. Quando assume que "From the Ritz to the Rubble" representa uma espécie de tentativa de apropriar-se da linguagem da poesia de Clarke em seus próprios termos, Turner situa a performance da banda em seu álbum de estreia em relação ao poeta, que como ícone da contracultura da década de 1970, mostra aos então adolescentes de Sheffield que era possível estabelecer-se nas cenas musical e literária sem ceder a pressões homogeneizantes de Londres. Ao longo da entrevista, os artistas discutem o legado de Sillitoe e o impacto do escritor em suas obras, reforçando as genealogias literárias da composição de *Whatever people say I am*.

Tendo estabelecido a resistência de Alex Turner à interferência na conversa, é necessário explorar a questão da performance. Ruth Finnegan chama atenção para a relação entre poesia oral e canção sob a categoria mais ampla da "palavra cantada" e propõe que acessemos a canção a partir do entendimento de que suas três dimensões – texto, música, performance – não podem ser isoladas ou priorizadas individualmente. Tal entendimento é fundamental para nossa leitura do trabalho de Turner na arena musical e do de Clarke na cena poética. É precisamente a união das três dimensões que constitui a expressão cancional desses artistas.

Finnegan propõe um modo de estudo que não tome nem letra, nem música, como ponto de partida, mas que entendamos canção e poesia oral como performance, não como texto a ser decodificado (2008, p. 18). O artigo de Finnegan apresenta ao crítico a proposta de que a possibilidade de analisar a palavra cantada fora de seu contexto performático limita nosso acesso a essa expressão criativa, concluindo que decompor a forma de arte em elementos isolados não aproxima o pesquisador de seu objeto.

Se aceitarmos que a palavra cantada é uma forma de arte que, tal como o teatro, existe e dá-se de forma processual, exclusivamente durante a performance, uma série de questões são apresentadas. Em primeiro lugar, existe tal coisa, como um registro de performance ou a experiência do ouvinte/espectador via mediação da gravação, que constitui uma dinâmica fundamentalmente diversa? A partir de uma leitura crítica das ramificações da economia da reprodução no sistema capitalista, Peggy Phelan (1993) defende o que chama de "ontologia da performance" a partir do argumento de que ela existe exclusivamente no momento presente:

> A performance não pode ser salva, gravada, documentada ou de outra forma participar na circulação de representações de representações: uma vez que o faz, torna-se algo diferente da performance. Na medida em que a performance tenta entrar na economia da reprodução, ela trai e diminui a promessa da sua própria ontologia. O ser da performance, assim como a ontologia da subjetividade aqui proposta, torna-se ele mesmo através do desaparecimento (Phelan, 1993, p. 146).

Phelan rejeita também a possibilidade da repetição da performance: cada nova execução representaria uma versão inteiramente nova e não reproduzível. Por sua vez, Philip Auslander (1996) argumenta que teóricos da performance que se dedicam ao seu objeto a partir da proposta de que a performance se dá, primordialmente, à margem da cultura de massa, produzem um recorte pouco representativo da experiência estética.

Segundo essa leitura, seria pouco condizente com a realidade propor que a performance possa se manter inteiramente alheia à economia cultural das mídias de massa. Distinguir as artes performáticas e o teatro como espaços de reação política a grandes eventos midiatizados implicaria uma exclusão problemática do emprego da reprodução em performances ao vivo: para além do uso de telas e filmes na arte performática realizada em galerias, no teatro e no espaço público, a própria performance musical é atravessada por tecnologias de reprodução e captura.

Em uma adaptação teatral de *O retrato de Dorian Gray*, escrita e dirigida por Kip Williams e encenada no Haymarket Theatre Royal, em Londres, em 2024, a atriz australiana Sarah Snook interpreta os 26 personagens do romance de Oscar Wilde. A única atriz no palco, Snook conta não apenas com trocas rápidas de figurino e modulações diferentes da própria voz, mas também com um conjunto de telas que tanto transmitem suas ações realizadas ao vivo quanto reproduzem sua imagem gravada previamente. Entre a representação e a reprodução, a atriz interage com outros personagens em cenas que demandam trocas e diálogo rápidos.

Tal hibridismo também complica a discussão em torno da natureza e da materialidade da performance quando examinamos um evento musical. Durante a turnê *Got back* (2023), Paul McCartney prefacia a performance da canção "I've got a feeling" com o anúncio de que a plateia está prestes a presenciar um momento especial em seu show, uma vez que a canção lhe possibilita cantar novamente com John Lennon, falecido em 1980.

Enquanto a banda toca e McCartney canta, imagens da última performance ao vivo dos Beatles no Rooftop Concert (1969) preenchem os telões. A voz de Lennon é amplificada pelo estádio. McCartney canta com e para Lennon, dando as costas para o público diversas vezes enquanto observa/toma parte na reprodução de uma performance realizada quase 55 anos antes.

Auslander (1996, p. 197, grifo nosso) elogia, portanto, o que chamada de "compromisso de Phelan com uma concepção rigorosa de uma ontologia de *liveness*", mas questiona se é possível, de fato, manter qualquer espécie de discurso cultural isolado das ideologias do capital e da reprodução. Aqui, interessa-nos investigar os atravessamentos entre representação e reprodução, apreciando as diferenças entre a experiência estética do espectador/ouvinte da performance ao vivo e aquela vivenciada a partir do conteúdo registrável e registrado da performance.

Reconhecendo a performance como ponto de partida, entendemos os estudos da canção como necessariamente transdisciplinares. Se analisar letras de canção de forma isolada limita o estudo da palavra cantada, a musicologia historicamente também se equivoca ao priorizar apenas um de três elementos. Tendo em vista que foi abordado um texto que, como a poesia épica ou a *performance poetry* de um poeta punk como John Cooper Clarke, tem sua existência primária na vocoperformance, lê-lo como palavra escrita é necessariamente uma redução. Para Finnegan (2008, p. 23-24), poemas orais e canções têm

> [...] sua verdadeira existência não em algum texto duradouro, mas em sua performance: realizada em um tempo e espaço específicos através da ativação da música, do texto, do canto e talvez também do envolvimento somático, da dança, da cor, de objetos materiais reunidos por agentes co-criadores em um evento imediato.

A partir desse entendimento, compreende-se a necessidade de o pesquisador da palavra cantada abandonar uma posição acadêmica estacionária e ensimesmada e tomar parte do rito da performance: nesse caso, ser um leitor crítico significa atravessar o espaço universitário com o espaço da execução artística, reivindicando a produção cultural como loco de produção de saberes, do show de rock ao recital poético.

Tal entendimento é reafirmado por Nicholas Cook em *Music as performance* (2003), que recorre ao trabalho de Jeff Todd Titon (1997) para ressaltar que nas práticas de pesquisa da etnomusicologia entende-se que o trabalho de campo não se limita à observação e coleta, envolvendo necessariamente o engajamento do pesquisador com a música e o evento musical como "experiência vivida" (2003, p. 211).

O evento performático que Finnegan destaca inclui, quando consideramos artistas como Clarke e Turner, a variação da letra da canção ou do texto poético que são adaptados para contextos específicos, a interação do artista com plateias mais ou menos receptivas, a disposição da casa e do palco, o arranjo da canção e a leitura que o próprio artista faz do seu sujeito cancional/eu-lírico.

Na soma variável desses e de outros elementos faz sentido a proposta de Phelan (1993, p. 146) de que "a única vida da performance é no presente". Ainda que restem questões a respeito dos atravessamentos entre performance e registro, a palavra cantada como expressão acontece, desenrola-se e está, mas não se cristaliza ou se encerra por meio da gravação.

John Cooper Clarke fez seu nome como *punk poet* e como um *performance poet* de classe trabalhadora. Originário de Salford, cidade na região metropolitana de Manchester, Clarke é celebrado por seus pares tanto pelo conteúdo quanto pela forma de seus poemas, que comentam e refletem com típico bom humor os efeitos das políticas de austeridade thatcheristas nos condados esquecidos das Midlands e do norte da Inglaterra.

Seus poemas, repletos de expressões populares e gírias típicas da sua região, tomam vida na performance e no *performer*: Clarke recentraliza o inglês nortista nas cadências da sua palavra cantada. Se os diversos e variados sotaques de Inglaterra e, de forma mais ampla, do Reino Unido, são frequentemente encarados como moeda de troca – marcadores de classe e pertencimento que garantem acesso a espaços comumente reservados às elites econômicas e sociais, especialmente na indústria do entretenimento – Clarke faz-se intencionalmente outro.

Assim chegamos a "Salome Maloney". A gravação de uma voco-performance do poema foi publicada no álbum *Disguise in love* (1978) e o texto foi impresso cinco anos mais tarde, na coleção *Ten years in an open necked shirt* (1983). Cabe apontar que Clarke estabeleceu sua reputação como poeta na vida noturna, abrindo shows de bandas como Sex Pistols, Joy Division e Buzzcocks. Em sua autobiografia, *I wanna be yours* (2020), o artista fala sobre o impacto que integrar a plateia de um show dos Sex Pistols pela primeira vez teve em sua trajetória enquanto poeta:

> Quando entrei no Lesser Free Trade Hall com minha então namorada Trish, era a segunda visita dos Sex Pistols a Manchester, desta vez com abertura de Slaughter and the Dogs e a estreia dos recém-formados Buzzcocks. Após as resenhas, eu esperava um nível de inépcia que nunca se materializou. Todos os envolvidos pareciam razoavelmente proficientes nas suas respectivas capacidades. [...] Este show não poderia ter sido uma introdução melhor ao fenômeno punk. Em contraste com a pesada lama aural da época, as três bandas mantiveram suas canções rápidas e curtas, mas foi aí que as semelhanças entre elas terminaram. O punk ainda não tinha acontecido em Manchester – a maioria dos jovens na plateia usava calças flare e blusas tie-dye – mas o *line-up* em si resumia perfeitamente três interpretações muito diferentes da moda punk como a conhecemos agora.
>
> [...] Pouco tempo depois do evento dos Sex Pistols, eu estava fazendo minhas coisas no Band on the Wall e no meio da multidão estava Pete Shelley junto com Howard e Linder, que agora eram um casal. Foi um prazer encontrá-los logo após a apresentação deles. Agora que tinha visto Linder no contexto, seu visual imediatamente fez sentido. Dê um nome: punk (Clarke, 2020, p. 271, grifo do autor).

Assim como a narrativa de Sillitoe e a poesia de Clarke inspiraram os primeiros versos do Arctic Monkeys, a crueza do movimento punk inspirou Clarke no desenrolar de sua própria trajetória: já um performer na ocasião do show do Sex Pistols, o evento em questão foi fundamental na formação de sua identidade enquanto artista. O entrelugar ocupado por canção e poesia – o território da palavra cantada na cena punk – é um elemento fundamental para analisar John Cooper Clarke enquanto *performer* uma vez que, contrariando a prática corrente do século XX, o chamado "Bardo de Salford" tornou-se um poeta famoso não por meio do *establishment* literário sediado em Londres, mas associando-se principalmente a músicos e a outros *performance poets* que publicavam suas próprias obras de forma independente, em livretos mimeografados vendidos após apresentações ao vivo.

Clarke relata que a partir de sua primeira apresentação no Embassy Club[1] na década de 1960, procurou sempre fazer com que casas, espaços e plateias não voltados originalmente para a vocoperformance poética funcionassem a seu favor: "A poesia é geralmente vista como um interesse silencioso, contemplativo e até pastoral: o punk rock e Bernard Manning ajudaram-me a desiludir o público dessa noção" (Clarke, 2020, p. 277).

Quando Clarke tornou-se mais conhecido, no final da década de 1970, a guinada na carreira veio com um contrato com uma gravadora, não com a editora que viria a publicar sua coleção de poemas. O acesso do poeta ao mercado editorial tornou-se mais regular apenas após seu reconhecimento com o título honorário de doutor pela Universidade de Salford, em 2013, e o sucesso comercial decorrente da adaptação de um de seus poemas pelo Arctic Monkeys no álbum *AM* (2013).

Clarke lançaria outra coleção somente em 2018, após assinar um contrato de dois livros com a Picador. A publicação foi seguida pela sua autobiografia, intitulada *I wanna be yours*, em 2020. Com uma coleção inédita publicada em 2024 pela Pan Macmillan – intitulada *WHAT* –, Clarke mantém, ainda assim, o corpo do seu trabalho em turnês e em discos de vinil.

O poeta lançou sete álbuns ao longo de sua carreira, além de compilações, singles e versões em áudio de suas coleções publicadas em livro. Nesse sentido, é impossível produzir qualquer estudo da obra do artista que não passe pela performance. Os poemas de *WHAT* constituem o material principal performado na turnê que Clarke realiza em 2024 no Reino Unido e na Irlanda celebrando 50 anos de carreira.

A coleção novamente reafirma e revisita a conversa com Turner: o compositor assina uma das resenhas elogiosas na contracapa do livro ("Nada menos que deslumbrante"). Clarke dedica o poema que encerra a coleção – intitulado "Sheffield" – aos amigos do Arctic Monkeys, que também são lembrados nas performances ao vivo do poema que encerra as apresentações: "I wanna be yours".

Ainda explorando o território da conversa, faz-se necessária uma análise dos paralelos entre a canção de Turner e o poema de Clarke. Narrativamente, "From the Ritz to the Rubble" de fato compartilha da

---

[1] O World Famous Embassy Club, do comediante Bernard Manning, sediou uma série de apresentações ao longo dos anos, de comédia *stand up* a shows musicais. Os Beatles, então ainda se apresentando sob o nome "The Quarrymen", figuram entre os nomes que subiram ao palco do clube de Manchester.

matéria-prima de "Salome Maloney": o poema de Clarke, entoado em *staccato* pelo poeta na gravação de 1978, é narrado do ponto de vista de um eu-lírico, que tem uma breve altercação com um segurança no processo de adentrar o Manchester Ritz, casa noturna em que a grande estrela – Salome Maloney –, glamorosa em suas lantejoulas e penteado extravagante, apresenta-se como "a rainha do Ritz" antes de ser arrebatada por um homem que procura emular Fred Astaire.

O ressentimento do eu-lírico desvela a decadência do Ritz e da sua rainha: "De pé na luz de caspa / Tentando ficar bêbada / Entre piolhos, *old spice*, Brut e névoa corporal / Como ela pode aceitar ser vista / Dançando com esse otário / Ela sendo Salome, a suprema do Ritz".[2] O burlesco logo toma conta: ninguém pode arrebatar Salome Maloney e uma briga estoura, com os seguranças atacando o pretenso Fred Astaire. No meio da confusão, no entanto, a diva cai e quebra o pescoço. O poema encerra-se com o eu-lírico relatando as diversas reações à morte de Salome, que variam entre a decepção dos proprietários do Ritz com a possibilidade de uma perda nos negócios, Joe Loss, que tira a própria vida, e outros que ganham dinheiro vendendo "pedacinhos / De Salome Maloney / Nos destroços do Ritz".

A entrega *deadpan* de Clarke acentua o humor absurdo de seus poemas. Ao contrário de muitas gravações do poeta, "Salome Maloney" não tem acompanhamento musical. "From the Ritz to the Rubble" sugere a associação com o poema já em seu título: "Do Ritz aos escombros". O primeiro álbum do Arctic Monkeys, como vimos, tem um arco narrativo baseado no romance *Saturday night, sunday morning* (1958) de Alan Sillitoe, e na sua adaptação cinematográfica. Trata-se da crônica de uma noite de excessos fora de casa e da realidade da manhã seguinte. Escrito por Alex Turner no final da adolescência, o álbum tem como base a experiência do compositor com a cena noturna de Sheffield, cidade onde nasceu e cresceu.

A premissa de "From the Ritz to the Rubble" tem um ponto de partida que se assemelha ao de "Salome Maloney". O sujeito cancional fala de um segurança agressivo que não permite que ele adentre uma casa noturna. No entanto a história desenrola-se de maneira muito diferente, já que a canção desenvolve-se do lado de fora da casa, com o sujeito cancional comemorando ter sido excluído da celebração enquanto imagina o caos que o segurança gostaria de provocar.

---

[2] Standing in the dandruff light / Trying to get pissed / Amongst the head-lice, old spice, Brut and body mist / How can she be seen dead / Dancing with that tit / Her being Salome, el supremo of the Ritz.

Porém a comemoração é amarga, mordaz. O rastro da confusão generalizada do Ritz de Clarke faz-se sentir: "Ele está com a mão no seu peito, ele quer te dar uma surra / Bem, secretamente acho que eles querem que todos vocês comecem / Eles querem braços voando por toda parte e garrafas também / É apenas algo para se falar, uma história para contar, sim".[3]

Na voz de Turner, o absurdo do poema é recodificado como sonho. O sujeito cancional compreende o que a violência preemptiva do segurança antecipa. Ele descreve o constrangimento de, impedido de entrar, tornar-se motivo de chacota para as outras pessoas que aguardam na fila:

> E você percebe então que finalmente chegou a hora
> De passar por dez mil olhares na fila
> E você pode trocar de suéter e tentar outra vez
> Na sua cabeça você tem algo a provar
> Para todos os rostos sorridentes e os garotos de preto
> Por que eles não podem ser agradáveis? Por que eles não podem rir?[4]
> (Turner, 2006a)

Do lado de fora, a noite do sujeito cancional desenvolve-se de outra maneira, entre conversas e excessos próprios, não violentos: "à noite, aquilo que conversamos / Fez tanto sentido / Mas agora a neblina subiu / Não faz mais sentido".[5]

Em entrevista, Turner aludiu ao fato de "From the Ritz to the Rubble" trazer o mesmo "personagem" das faixas "The view from the afternoon", "Dancing shoes" e "Still take you home" (Turner; DotMusic, 2006b), que compartilham da mesma ansiedade em relação à vida noturna, entre as performances sociais inerentes a esses espaços e a necessidade de impressionar possíveis parceiras.

Retraço aqui o paralelo com *Saturday night, sunday morning*, cuja adaptação cinematográfica de 1960 foi dirigida por Karel Reisz. A obra tem como protagonista Arthur Seaton, um operário de Nottingham, um centro industrial nas Midlands inglesas, que, insatisfeito com sua

---

[3] He's got his hand in your chest, he wants to give you a duff / Well, secretly I think they want you all to kick off / They want arms flying everywhere and bottles as well / It's just something to talk about, a story to tell, yeah.

[4] And you realise then that it's finally the time / To walk back past ten-thousand eyes in the line / And you can swap jumpers and make another move / Instilled in your brain you've got somethin' to prove / To all the smirkin' faces and the boys in black / Why can't they be pleasant? Why can't they have a laugh?

[5] Last night, what we talked about / It made so much sense / But now the haze has ascended / It don't make no sense anymore.

rotina, reage por meio da violência, do excesso e de relacionamentos sexuais não sancionados, às limitações que sua classe e seu contexto social lhe impõem.

Um clássico do realismo *kitchen sink*, a obra também é citada como uma influência por John Cooper Clarke. Simon Lee (2023, p. 6) define o *kitchen sink* não enquanto um movimento ou gênero demarcado, mas como "temas portáteis". O pesquisador também ressalta a maleabilidade midiática da forma: do romance à tela, passando pelo palco do teatro, o *kitchen sink* ocupa-se de produzir retratos ficcionais da vida das classes trabalhadoras britânicas no pós-guerra.

Na década de 1960, período que marca o ápice do formato, a Grã-Bretanha passa por um processo de crescimento e prosperidade que é tematizado em obras como *Saturday night and sunday morning*, de Sillitoe, e *Look back in anger* (1956), de John Osborne, a partir da exploração dos efeitos de seu principal desdobramento na realidade das classes trabalhadoras: o estado de bem-estar social.

Entre o conservadorismo do início da década de 1960, que leva uma das amantes de Arthur Seaton a arriscar a vida ao submeter-se a um procedimento de aborto ilegal, e o provincianismo dos aspirantes à celebridade da Sheffield dos anos 2000, retratado nas letras de Turner, álbum e filme encontram-se no desconforto de seu protagonista/sujeito cancional em relação a papéis sociais prescritos e na reação dessa figura – alinhada ao tipo ficcional do *working class hero* – à sua posição. Em Sillitoe e em Turner, a vida noturna surge como uma válvula de escape codificada a partir da transgressão na forma do desejo sexual, da violência e do excesso.

Uma favorita do público, "From the Ritz to the Rubble" passou sete anos fora dos *setlists* da banda (2011-2018), retornando no show realizado pelo Arctic Monkeys no Royal Albert Hall durante a turnê de divulgação do álbum *Tranquility Base Hotel and Casino*. Finnegan (2008, p. 32) observa que frequentemente "é a eficácia sonora da performance aliada às grandes expectativas criadas pelo conhecimento dos ouvintes das convenções relevantes e do repertório que moldam a experiência, mais do que o conteúdo verbal cognitivo". Nesse sentido, é digna de destaque a relação do público do Arctic Monkeys, com passagens melódicas não verbais de canções como "Brianstorm", "Fluorescent adolescent" e "From the Ritz to the Rubble", momentos em que a plateia "canta" as notas junto às guitarras.

Adepto de adotar diferentes personas no palco a cada novo projeto musical, Alex Turner já declarou seu desconforto ao performar canções de seu álbum de estreia: "Parece que estamos fazendo um *cover* ou algo assim quando tocamos o primeiro álbum, na verdade, mas tudo bem. Eu não odeio fazer isso. Chegou ao ponto em que toco 'Mardy Bum' ou algo parecido e nem parece mais meu" (Turner, 2018).

Com a sugestão de diferentes personas musicais que, pós-reinvenção, encaram suas antecessoras como estranhas, é interessante rastrear as diferentes versões que a canção ganhou ao longo dos anos,[6] com a performance no show da banda realizado no Kings Theatre, em Nova York, em setembro de 2022, sendo precedida pela observação do compositor de que a canção não estava no *setlist* original, tendo sido um pedido especial do baterista do grupo, Matt Helders.

Atravessando a reticência do compositor, a canção seria tocada pelo Arctic Monkeys um total de 33 vezes entre 2022 e 2023, na turnê de divulgação do álbum *The car*, com "I wanna be yours", a versão de Turner do poema de Clarke, precedendo a faixa nas estatísticas da turnê, com um total de 35 performances, conforme busca no site Setlist.fm[7].

Uma versão condensada deste estudo foi apresentada no evento "Lamber a Língua II", no segundo semestre de 2023, no Instituto de Letras da Universidade Estadual do Rio de Janeiro (Uerj). Ainda em meio ao processo de pesquisa, considerei importante reforçar o valor de insistir e permitir que o objeto de estudo resista à expectativa de fixação, adotando a conversa – de Turner a Clarke, passando por Pinho, como um método de investigação acadêmica.

A partir de uma leitura de artistas que produzem em alteridade obras que reafirmam modos outros de ser e de criar, reduzi-los à página impressa parece deveras limitador. Finnegan lamenta a escassez de materiais bibliográficos que centralizem a performance, não a mera descrição da palavra cantada em categorias textuais/literárias ou da musicologia. Aproveito a oportunidade para concluir com a sugestão de que o leitor busque ouvir/ver/participar das performances de Turner e de Clarke, sem as quais este estudo não faz sentido.

---

[6] Esse vídeo traz um breve apanhado de performances ao longo dos anos. Disponível em: https://www.youtube.com/watch?v=WSUqnwV9rgM. Acesso em:

[7] Disponível em: https://www.setlist.fm/stats/arctic-monkeys-3d6bdbf.html?tour=6bde0e96. Acesso em: 21 mar. 2024.

REFERÊNCIAS

AUSLANDER, Philip. Liveness: performance and the anxiety of simulation. *In*: DIAMOND, Elin (ed.). *Performance and cultural politics*. London; New York: Routledge, 1996. p. 198-213.

CLARKE, John Cooper. *I wanna be yours*. London: Picador, 2020.

CLARKE, John Cooper. *Ten years in an open-necked shirt*. London: Vintage Books, 2012.

EVIDENTLY... JOHN COOPER CLARKE. Direção: John Ross. Produção de Scotty Clark. Local: Londres. BBC, 2012. Streaming.

FINNEGAN, Ruth. O que vem primeiro: o texto, a música ou a performance? *In*: MATOS, Cláudia Neiva de; TRAVASSOS, Elizabeth; MEDEIROS, Fernanda Teixeira de (org.). *Palavra cantada*: ensaios sobre poesia, música e voz. Rio de Janeiro: 7Letras, 2008. p. 15-43.

GILBERT, Pat. Poets cornered. *MOJO*, Londres, v. 1, n. 159, p. 42-47, fev. 2007.

LEE, Simon. *The intersection of class and space in british postwar writing*: kitchen sink aesthetics. London; New York: Bloomsbury Academic, 2023.

MARSHALL, Julian. Arctic Monkeys' record-breaking week. *NME*, Londres, v. 1, n. 5, p. 4-5; 22-23, 4 fev. 2006.

PHELAN, Peggy. Unmarked: the politics of performance. London; New York: Routledge, 1993.

PINHO, Davi. A conversa como um "método" filosófico em Virginia Woolf. *In*: PINHO, Davi; OLIVEIRA, Maria; NOGUEIRA, Nícea (org.). *Conversas com Virginia Woolf*. Rio de Janeiro: Ape'Ku, 2020. Edição do Kindle.

SETLIST FM. Songs played by tour: The Car. *Setlist.fm*. 2023. Disponível em: https://www.setlist.fm/stats/arctic-monkeys-3d6bdbf.html?tour=6bde0e96. Acesso em: 21 mar. 2024.

SILLITOE, Alan. *Saturday night and sunday morning*. London: Vintage, 2006.

TURNER, Alex; TAYSON, Joe. The Arctic Monkeys classic the band refuse to play live. *Far Out Magazine*. 01 oct. 2018. Disponível em: https://web.archive.org/web/20230604182539/https://faroutmagazine.co.uk/arctic-monkeys-classic--refuse-play-live/. Acesso em: 21 mar. 2024.

TITON, Jeff Todd. Knowing fieldwork. *In*: BARZ, Gregory E.; COOLEY, Timothy J. (ed.). *Shadows in the field*: new perspectives for fieldwork in ethnomusicology. New York: Oxford University Press. p. 87-100.

TURNER, Alex. From the ritz to the rubble. *In*: ARCTIC MONKEYS. *Whatever people say i am, that's what i'm not*. Londres: Domino, 2006a. 1 CD.

TURNER, Alex; DOTMUSIC. NEWS: Monkeys explain album. *Yahoo News*. 19 jan. 2006b. Disponível em: https://web.archive.org/web/20110527045133/http://uk.news.launch.yahoo.com/dyna/article.html?a=%2F060119%2F340%2Fg1jzf.html&e=l_news_dm. Acesso em: 22 mar. 2024.

GURUFIM: O SAMBA E A MORTE

Marcelo Reis de Mello

De antemão, convém a *mea culpa* por este texto não apresentar nenhuma inovação conceitual e, possivelmente, fugir um pouco à proposta central deste livro, que carrega já no título uma proposta erótica: *Lamber a língua*. Quer dizer: saborear o músculo que movimenta a língua e propicia ritmo, folia e esfoliação do corpo. Penso em um poema que antes de afirmar os modos intelectuais de conhecimento do mundo – antes de se assentar como possibilidade de *saber* – nasce de um *sabor*: letra ou sílaba ainda in-significante, renhida e desenrolada no palato.

Aqui, a boca (tanto quanto as mãos no tambor) engendra a probabilidade da festa (do gozo): algazarra. *Al-gazara*, aliás, palavra de grilos, estridulante, que otomanos sulcaram na língua portuguesa ao serem expulsos da Península Ibérica. Parente do *alarido*, outra palavra que o português recebeu dos árabes, algazarra é o som emitido pelas tropas durante as guerras. O escarcéu que os mouros faziam antes ou durante as batalhas, como motivação aos soldados e para assustar os inimigos.

Como se vê, este prólogo enrosca-se involuntariamente na sedução ondulosa da linguagem: *escarcéu* é justamente o encapelamento e o ruído das ondas em ocasião de tempestade. Palavra que remete a certa noção de ritmo, não mais como uma regularidade métrica, fluência ou fluir (*rhein*) dos gregos, e, sim, antes, algo que não cessa de não se formar. Ritmo seria aquilo, então, que, apesar de toda melíflua melodia, nunca chega a uma forma estável, equilibrada. Assim como as ondas do mar, que passam a imagem ilusória de regularidade, o ritmo é uma força descontínua, um arrepio da superfície, como escreveu tão acertadamente Paul Valéry aqui parafraseado: "de onde emana o rumor de uma matéria em ebulição pela infinita quantidade de gritos íntimos, de rasgões e de amassaduras, de dobras e de misturas entre as águas".

É das águas, é do mar, que nasce também a palavra *gurufim*, sobre a qual quero falar. Mas, antes, é necessário fazer outra derivação, pois, se por um lado a língua funda-se num devir erótico, como já dito, por outro parece acossada por uma força inevitavelmente tanática. Ou, se preferirmos o jargão psicanalítico, por uma *pulsão de morte*. Basta lembrarmo-nos da *Aula*, de Roland Barthes (1977), sobre a imensa dificuldade de perverter, por meio da literatura, o que há de fascista e necrótico em cada idioma. Uma gramática anuncia um tratado de natureza colonial, uma necropolítica. Algazarra e alarido, repito, nasceram como gritos de guerra. *Eros* e *Thanatos*.

Neste momento em que vivemos, sem ineditismo, mas com singular perplexidade, outra guerra colonial, em que a vida de milhares de pessoas é negociada por líderes políticos que representam forças econômicas criminosas, *Mme. Lamort* aparece insistentemente a nós como algo absolutamente corriqueiro, trivial, quase desimportante. Ora, numa guerra, grande parte dos cadáveres permanece insepulto. Os indivíduos que adquirem privilégios de sepultamento são enterrados em valas coletivas. Numa guerra, os mortos não podem ser chorados com lentidão, com dignidade. A palavra ganha peso, ganha em pêsames, mas perde em poesia: impõe-se a marcha ao ritmo.

A nós, diante da espetacularização da catástrofe, cabe perguntar: que espécie de trabalho de luto pode fazer uma mãe que não teve como enterrar seus filhos ou filhos que não puderam enterrar seus pais, seus irmãos? Pensar também nisto: o que podemos nós, aqui reunidos em uma universidade (entre Mangueira, Maracanã e Aldeia Maracanã), aplicados com delicadeza na análise da singularidade musical da língua, em um departamento de Letras, diante da proliferação de imagens de árabes – homens e mulheres – carregando pequenos embrulhos brancos, que são os seus bebês, os seus bebês bombardeados, soterrados, enrolados em lençóis? A história não para de produzir frutos estranhos.

Foi muito difícil, nas atuais circunstâncias, sentar-me para escrever um ensaio sobre a música e a morte. Além de não ser um pesquisador especialista no assunto, não tenho conseguido pensar em quase nada além da mais recente guerra. Um massacre que, para nós, do Sul Global e, mais especificamente, da América Latina, do Brasil, reflete genocídios particulares; nossos modos de produção de horror tropical. Desde que os portugueses botaram os pés nas areias da Bahia temos sido testemunhas (mais ou menos ativas) de uma infinidade de crimes de guerra. Indígenas, negros, mulheres, homossexuais, transexuais. E isso diz muito sobre a facilidade com que qualquer povo inclina-se à banalização da morte.

Os modos de cuidar dos seus mortos diz muito sobre a vida de um povo. O historiador francês Philippe Ariès dedicou boa parte da sua vida à pesquisa sobre o tema. Escreveu clássicos como *O homem diante da morte* e *História da morte no Ocidente* (1977), livros importantes, embora criticáveis, sob muitos aspectos. Algumas dessas críticas foram feitas pelo sociólogo Norbert Elias; por exemplo, no belo ensaio *A solidão dos moribundos* (2001). Mas para mim, hoje, considero fundamental apenas deslocar um pouco o olhar da Europa para esse ritual fúnebre de origem africana e indissociável do universo particular da música brasileira, mais especificamente do samba, e que encontra um nome e uma personalidade nesta palavra com sabor marítimo: gurufim.

Vamos lá. Gurufim, como disse Antônio Simas, a rigor era uma brincadeira que se fazia em alguns velórios, principalmente em velórios de pessoas pobres descendentes de africanos bantos. O mesmo professor de História também fez lembrar a edição n.º 47 da revista *O Cruzeiro*, publicada em 1949, em que há uma reportagem muito interessante e bem escrita sobre a morte do sambista Zico Surdo e o seu gurufim, na cidade de São Paulo, em comparação com o Rio de Janeiro, porque lá se sobressai, segundo o jornalista autor da matéria, a tristeza de não terem os sambistas paulistanos um "morro de personalidade" como no Rio.

Então o gurufim, a princípio, era uma brincadeira feita em alguns velórios. Segundo Câmara Cascudo, a palavra gurufim teria vindo da palavra "golfinho", que para diversos povos antigos próximos ao Mediterrâneo, de tradição marítima, era o animal responsável por conduzir o finado ao mundo dos mortos. E foi por conta dessa brincadeira com os golfinhos, os *gurufins*, que os velórios animados com samba e batucada passaram a ser conhecidos assim.

O gurufim mais famoso da história do samba é o do Paulo da Portela, narrado no livro *Paulo da Portela: traço de união entre duas culturas* (1980), de Marilia Trindade Barboza da Silva e Lygia dos Santos Maciel. E talvez o último grande gurufim tenha sido o de Beth Carvalho, em 2019, que aconteceu na sede do Botafogo. A irmã de Beth, Vânia Carvalho, em depoimento à imprensa disse: "O que ela merece aqui neste pseudo funeral, chama gurufim. Gurufim é o funeral do morro. Funeral dos pobres". E a história mais divertida de um gurufim é provavelmente a de Blecaute, narrada em uma crônica por Simas, no livro *Coisas Nossas* (2017), em que os amigos do morto, chorando cachaça, erram de cemitério.

Vale ressaltar também o fato de que para as religiões de matriz africana, a morte não é um conceito, mas uma espiritualidade, e que, como tal, pode te pegar. Desse modo, foram desenvolvidas algumas práticas para enganar a morte. Então o ritual fúnebre não seria em essência para saudar a morte, mas para trapaceá-la. No Brasil, isto está ligado até mesmo às crenças de um catolicismo mais popular, com a ideia de que quando a morte vinha não levava só um, mas três. Então a cantoria nos velórios não seria apenas para celebrar a vida do morto, mas para enganar a morte. Ela, quando passa por ali e vê aquela festa acontecendo, batucada com cachaça e comida, detém-se e pensa: não é possível que essa gente esteja velando alguém. E a morte segue em frente.

O Gurufim acaba sendo um pouco disso tudo. Respeito pelo morto, celebração da sua vida e da vida que segue. Amor ao samba, forma de driblar a miséria com fartura de cachaça, café e comida. Também um modo de trapacear a morte, para que ela não leve mais ninguém dali. Só que a malandragem inventa sempre novos modos de reinventar seus significados. O Gurufim é vivo. Existe um samba divertidíssimo de Claudio Camunguelo, *Meu gurufim*, em que o sambista finge que morre pra ver quem é amigo e quem vai aprontar em seu velório. Sugiro ouvi-lo.

Acho que eu me propus a pensar um pouco sobre o Gurufim porque o velório mais bonito em que eu já estive (um dos primeiros) foi o do pai da Cris, minha primeira namorada, um caminhoneiro ainda muito jovem chamado Abílio, que morreu na estrada quando nós tínhamos 16 ou 17 anos. O pessoal da família era todo de Realengo, então o velório foi numa capela de Realengo ou Padre Miguel, já não me lembro bem, mas o evento marcou-me muito (eu, na época, ainda vivia no Paraná) porque não foi uma coisa solene e deprimente; teve violão e a família e amigos cantaram os sambas que o cara mais gostava, e todo mundo chorou e cantou ao mesmo tempo – foi uma coisa linda. Fiquei querendo um velório parecido quando chegasse a minha hora, com os amigos, músicas e, de preferência, com cachaça, café e comida. Um Gurufim.

É de se refletir o quanto temos a aprender com essa forma de encarar a morte e de olhar para os mortos. Respeito e devoção, como no "Pranto de poeta", do Cartola: "Em Mangueira, quando morre um poeta, todos choram. / Vivo tranquilo em Mangueira porque / sei que alguém há de chorar quando eu morrer...". Mas também com alegria e algum deboche, como na *Fita amarela*, com o qual encerro este pequeno ensaio de morte e de samba:

> Quando eu morrer
> Não quero choro, nem vela
> Quero uma fita amarela

Gravada com o nome dela
[...]
(Noel Rosa, 1933).

REFERÊNCIAS

BARTHES, Roland. *Aula.* Rio de Janeiro: Cultrix ,1980.

DA SILVA, Marilia Trindade Barboza e Maciel, Lygia dos Santos. *Paulo da Portela: traço de união entre duas culturas.* Rio de Janeiro: Mec/Funarte, 1980.

ELIAS, Norbert. *A solidão dos moribundos.* Rio de Janeiro: Jorge Zahar Ed., 2001.

SIMAS, Antonio. *Coisas Nossas.* Rio de Janeiro: José Olympio, 2017.

UM ANJO TORTO E DESAFINADO: FIGURAÇÕES DO POETA MARGINAL EM "LET'S PLAY THAT", DE JARDS MACALÉ E TORQUATO NETO

Márcia Cristina Fráguas

Decerto, não há exagero em afirmar que existiram muitas Tropicálias dentro da Tropicália. A de Gilberto Gil, por exemplo, era o desejo de institucionalizar um novo movimento de música brasileira que penetrasse na cultura de massas com violência e inventividade, colocando em pé de igualdade a Banda de Pífanos, do Caruaru, os Beatles, Luiz Gonzaga e Jimi Hendrix.

A de Caetano, por outro lado, era a de trazer as guitarras e o apelo da Jovem Guarda, misturando a anarquia do programa do Chacrinha, o caráter sexual ambíguo de Carmen Miranda, o Cinema Novo, *O rei da vela*, de Oswald de Andrade, na montagem do Teatro Oficina, tudo isso a fim de alargar o caminho iniciado por João Gilberto.

Ainda havia a Tropicália das artes dramáticas e visuais, com a linguagem prenhe de ferocidade de Hélio Oiticica, Glauber Rocha, José Celso Martinez Corrêa. Nesse ambiente de intensa cooperação e retroalimentação artística, nada seria como antes depois do biênio 1967-68 nas artes brasileiras, até que o AI-5 fraturasse esse arranjo multifacetado e provocasse a dispersão desse "coro tropicalista", como nomeado por Flora Süssekind.

Uma das faces importantes desse momento foi a do poeta e letrista Torquato Neto. Sua trajetória e múltiplas colaborações artísticas oferecem uma perspectiva de compreensão dos tensionamentos presentes na construção do projeto estético tropicalista.

Torquato chegou ao Rio de Janeiro para estudar em 1962. No ano seguinte, já frequentava o Cine Paissandu com Ana, sua futura esposa, a UNE e o apartamento de Jards Macalé, em Ipanema. Nessa época, trabalhava no texto de *O fato e a coisa*, livro que vinha escrevendo desde os tempos de adolescência em Teresina. Torquato, que já conhecia Caetano Veloso de Salvador, apresentou-o a Jards Macalé. Contudo Macalé não participou do momento tropicalista, estando envolvido em compor e estudar música, sobretudo a partir de 1967, quando estudou com Guerra

Peixe, Peter Daulsberg, Ester Scliar, Turíbio Santos e Jodacil Damasceno. Antes disso, teve canções gravadas por Elizeth Cardoso, "Meu mundo é seu", em 1964, e Nara Leão, que gravou, em 1966, "Amo tanto". Nesse mesmo ano, Jards Macalé ainda fez a direção musical do espetáculo *Recital*, de Maria Bethânia, e tocou violão no grupo Opinião, no musical *Arena conta Bahia* (Zan, 2010).

Em paralelo, a vida de Torquato Neto também transformar-se-ia, à semelhança da cidade do Rio de Janeiro, que ele encontrou bastante mudada pelo golpe militar ao retornar das férias no Piauí, em 1964. A partir daí, o poeta interrompe os estudos e começa a trabalhar. Em 1965, inicia suas colaborações como jornalista, além das primeiras parcerias musicais, como a que fez com Gilberto Gil em "Louvação", entre outras.

É nesse momento que o núcleo criativo musical da Tropicália tem como ponto de encontro o Solar da Fossa, residência coletiva que ficava em Botafogo e que tinha entre seus inquilinos Caetano Veloso e Dedé Gadelha, Rogério Duarte e em breve, Gracinha, futura Gal Costa, que lançaria com Caetano o álbum *Domingo*, em 1966.

A essa altura, Caetano Veloso já havia recebido de Maria Bethânia o conselho para prestar atenção na Jovem Guarda; Gilberto Gil, ouvido a banda de Pífanos de Caruaru no agreste de Pernambuco; e todos já eram fãs de Beatles, como explica Caetano (2017, p. 161): "Torquato já tinha aderido ao ideário transformador: os Beatles, Roberto Carlos, o programa do Chacrinha, o contato direto com as formas cruas da expressão rural do Nordeste".

O ano era 1967, Gilberto Gil já havia gravado seu segundo disco, acompanhado pelos Mutantes, e os tropicalistas estavam se preparando para realizar o disco-manifesto *Tropicália ou panis et circenses*. São dessa primeira fase, ou fase heroica do Tropicalismo, as emblemáticas parcerias de Torquato e Gil em "Geleia geral" e "Marginália II", verdadeiras canções-manifesto, e "Mamãe, coragem", de Torquato e Caetano Veloso, quase um hino geracional, cujo sujeito cancional despede-se da mãe e da vida no interior do Brasil, partindo rumo à metrópole moderna e cheia de possibilidades, do mesmo modo que os tropicalistas vindos da Bahia: "Eu por aqui vou indo muito bem, de vez em quando brinco o carnaval, e vou vivendo assim: felicidade, na cidade que eu plantei pra mim, e que não tem mais fim". De fato, Caetano Veloso rememora em *Verdade tropical*:

> Torquato adorava o Rio à maneira dos imigrantes tradicionais, desejoso de afastar-se rapidamente de sua província de origem e integrar-se na vida carioca [...] sobretudo, parecia-lhe um perpétuo milagre que ele vivesse na mesma cidade em que viviam Carlos Drummond de Andrade e Nelson Rodrigues. Por vezes, ele seguia um desses dois personagens na rua, sem se deixar perceber (assim ele acreditava), e era como se tivesse participado clandestinamente de um ritual secreto (Veloso, 2017, p. 157).

Com a decretação do AI-5 em dezembro de 1968, veio a dispersão na forma de exílios, encarceramentos e internações psiquiátricas, impostos como um trauma sobre essa geração de artistas. O artista visual Rogério Duarte já havia sido preso na Igreja da Candelária, em 4 de abril de 1968, durante a missa em homenagem ao estudante Edson Luís, morto pelos militares na invasão do restaurante Calabouço, no centro do Rio de Janeiro. Ao sair do cárcere, onde sofreu tortura, Duarte passou por uma internação psiquiátrica no Hospital do Engenho de Dentro, assim como viria a acontecer com Torquato Neto em 1970.

Em 3 de dezembro de 1968, dez dias antes do AI-5, Torquato autoexila-se na Europa, partindo para a Inglaterra na companhia de Hélio Oiticica, apenas 24 dias antes da prisão de Gil e Caetano, em São Paulo, que posteriormente seriam exilados em 27 de julho de 1969, advertidos pelos militares de que não deveriam retornar ao país. Em maio desse mesmo ano, Torquato Neto e a esposa, Ana Maria Duarte, tinham trocado Londres por Paris, desencontrando-se, assim, dos baianos no exílio.

De volta ao Brasil em dezembro de 1969, Torquato passaria por diversos reveses emocionais, o que o levou a ser internado no Hospital Psiquiátrico do Engenho de Dentro em 7 de outubro de 1970, a primeira de nove internações. Mais recluso, Torquato continua a escrever e a colaborar na imprensa. De agosto de 1971 a março de 1972, ele escreveu sobre música, cinema e cultura na coluna "Geleia geral", no jornal Última Hora.

Ele também estreita novas parcerias musicais, compondo com Carlos Pinto "Todo dia é dia D" e "Três da Madrugada", que encontraria sua versão definitiva na voz de Gal Costa. Nessa canção, a imagem da "cidade que não tem mais fim" é retomada em chave melancólica: "Saiba, meu pobre coração não vale nada, pelas três da madrugada, toda palavra calada, dessa rua da cidade que não tem mais fim".

LET'S PLAY THAT

Em 1972, Jards Macalé musicou e gravou uma letra de Torquato Neto em seu primeiro álbum solo, assim que retornou de Londres, depois de atuar como violonista e diretor musical de *Transa* (1972), de Caetano Veloso. "Let's play that", terceira faixa do lado B do disco de vinil, tornou-se uma espécie de canção-emblema de Torquato Neto.

A letra apropria-se, de modo evidente, da primeira estrofe do "Poema de sete faces", de Carlos Drummond de Andrade: "Quando nasci, um anjo torto / desses que vive, na sombra / disse: Vai Carlos! Ser gauche na vida", como se fosse um manifesto que dita o dever do poeta de ser gauche, torto, andar à margem da boa sociedade burguesa "tão ocupada em nascer e morrer".

Como apontado por José Roberto Zan (2010), o momento de maior recrudescimento da ditadura coincide com o milagre econômico e com a racionalização dos processos de produção, numa parceria Estado e capital privado, que incrementou de maneira veloz a indústria cultural no Brasil. Ao mesmo tempo, a derrocada da resistência armada e das organizações de esquerda abriram outras possibilidades comportamentais para a juventude que não se adequava ao *status quo*:

> As ressonâncias da contracultura, do movimento *hippie* e das mobilizações estudantis ocorridas na Europa e nos Estados Unidos em 1968, que já se manifestavam no contexto tropicalista, se acentuaram no período pós-AI-5 orientando mudanças de posição de determinados segmentos juvenis e intelectuais brasileiros frente à política e à arte [...] Sob a truculência do governo autoritário e frente à imponderabilidade de um futuro revolucionário, jovens intelectuais e artistas voltaram suas atenções para questões do momento presente, para problemas existenciais, para as possibilidades de revolução no âmbito comportamental, pautando temáticas do corpo, sexualidade, da psicanálise e das drogas, etc. Nesse contexto, o rock, gênero musical que fora estigmatizado em meados dos anos 60 como símbolo do imperialismo cultural e da alienação, se converteu numa espécie de trilha sonora da "geração desbunde", termo pejorativo cunhado por militantes de esquerda para se referirão integrantes dessa nova cena cultural [...] Ao mesmo tempo, a figura do marginal ganhou uma acepção positiva como sinônimo de condição alternativa e crítica

> à ordem estabelecida. De certo modo, ser "marginal" era uma postura que respondia a circunstâncias impostas pelo regime ditatorial militar, o que lhe conferia um significado, até certo ponto, próximo da noção de clandestinidade (Zan, 2010, p. 164-165, grifo do autor).

Em tempos de "É preciso estar atento e forte", como cantou Gal Costa em 1968, vale destacar que desde o golpe dentro do golpe, que foi o AI-5, o fantasma da marginalidade como lugar a ser assumido já rondava a criação artística, como na temporada dos *shows* de lançamento de *Tropicália ou panis et circenses* na Boate Sucata, no Rio de Janeiro, durante as duas primeiras semanas de outubro de 1968, que acabou interditada judicialmente depois de Caetano Veloso ter sido acusado de cantar o hino nacional "em ritmo de Tropicália" em uma das apresentações (Veloso, 2020, p. 139).

Além disso, o uso do estandarte de Hélio Oiticica "Seja marginal, seja herói", em homenagem a Manoel Moreira, conhecido no crime como Cara de Cavalo, e que acabara de ser executado pelo Esquadrão da Morte, foi outro detalhe cenográfico do show que causou comoção entre as autoridades vigentes. O emblema no estandarte tropicalista tornava-se, assim, palavra de ordem para a geração que abraçaria o desbunde e as práticas contraculturais.

Na letra de Torquato não há a ironia modernista do poema de Drummond, mas sua paráfrase revela algo de uma filiação e de uma radicalização do que deveria ser a missão de um poeta. Sobretudo: desafinar o coro dos contentes. A frase, segundo Augusto de Campos em *O balanço da bossa e outras bossas* (1993, p. 338), era produto da fusão de duas linhas do "Inferno de Wall Street" do *Guesa* de Sousândrade. Novamente, Torquato parece reivindicar uma filiação à tradição poética que remete tanto ao poeta maranhense quanto aos concretos que o retomaram. Especula-se, ainda, que esse "desafinar o coro" possa ter sido inspirado em conversas de Torquato e Augusto de Campos sobre Sousândrade (Zan, 2010).

No *Guesa*, o coro dos contentes refere-se àqueles que exaltam os poderosos em troca de benesses. O anjo da letra de Torquato não é barroco, como talvez fosse o anjo do mineiro Drummond, mas um anjo desbundado, marcado pela velocidade urbana moderna, com asas de avião. Um anjo louco, um anjo solto, um anjo torto, como o sujeito cancional de "Geleia geral", que entoava: "o poeta desfolha a bandeira, e eu me sinto melhor colorido, pego um jato, viajo, arrebento, com o roteiro do sexto sentido, voz do morro, pilão de concreto, Tropicália, bandeiras ao vento". Porém, se "Geleia geral" assemelhava-se a um sonho de cores psicodélicas, "Let's play that" era a face de horror dessa viagem.

O ano agora é 1972, um dos mais representativos do que ficou conhecido na cronologia ditatorial brasileira como "os anos Médici", a fase mais repressiva da ditadura militar, a dos desaparecidos e exilados, mas num contexto de milagre econômico, que afinava o coro dos que se contentavam com as diretrizes do regime. Se as asas de avião do anjo não servem para levar o sujeito cancional para longe, a cumplicidade entre eles é, no mínimo, perigosa, pois marginal. Contudo o sujeito cancional aceita o destino proposto pelo anjo que sorri ao apertar sua mão e decretar qual é seu destino de poeta.

As asas do avião também são um signo de velocidade. No mesmo ano, Torquato Neto disse adeus, rompeu a barreira do som e foi viver além de nossa dimensão espaço-temporal. Em *Cordiais saudações*, texto que inaugurou sua coluna "Geleia geral", no jornal *Última Hora*, o poeta diz que "estar bem vivo no meio das coisas é passar por referência, continuar passando" (Neto, 2003, p. 199). Ao que parece, esse movimento é ordenador de sua poética e realizado em velocidade supersônica – "o avião supersônico / contrasta minha vida / este país dos meus sonhos / não tem mais nada comigo / não se cultiva nem deita / ao meu lado se preciso (Neto, 2003, p.158). Assim, Torquato é o ponteiro de seu próprio relógio, vivendo com intensidade *todas as horas do fim*.

"Ano que vem, mês que foi"[1] (Gil, 2003, p. 105), assim pulsava o tempo de Torquato, ciente de que viver de passagem implica no risco de deriva, de não ter lugar, de fazer da dissonância sua missão derradeira.

Sobre a parte musical de "Let's play that", André Monteiro (1999, p. 68) apontou:

> A composição, o arranjo e a interpretação da canção realizados por Jards Macalé reforçam de maneira isomórfica, pelo uso de acordes dissonantes, de mudanças bruscas de andamento e de "ruídos vocais", o desejo gauche radical de ser desafinado, presente na letra de Torquato.

A instrumentação compacta, com Tutty Moreno na bateria, Lanny Gordin no violão e contrabaixo elétrico e Macalé na voz e no violão é bastante marcada pela improvisação e por certa inflexão de blues. Macalé

---

[1] Versos de "Geleia geral", canção de Torquato Neto e Gilberto Gil [1968] (Gil, 2003, p. 105).

busca em seu canto falado certa assincronia com os demais instrumentos, o que aumenta a sensação de que a canção está torta. Como apontam Santos e Falleiros (2023, p. 14):

> a repetição da frase let´s play that que é recitada, gera um caráter imperativo, urgente e decidido. Na performance, esta frase vai sendo progressivamente entrecortada, como se houvesse alguma dificuldade em recitá-la. Uma provável referência a censura que era imposta pela ditadura militar a toda produção artística do período [...].

Os autores supracitados destacam ainda o canto falado de Macalé, que se mantém em assincronia com a instrumentação, "como algo independente, um pensamento mais horizontal". A sensação de liberdade, "de tocar aquilo que é desafinado ou que é livre", está presente na improvisação jazzística do solo de contrabaixo tocado por Lanny Gordin, ao passo que o violão de Macalé "busca se distanciar de relações tonais e modais", desafinando o coro dos contentes na performance musical e vocal de Macalé (Santos; Falleiros, 2023, p. 14-15).

Se é verdade que, como observou Augusto de Campos, as letras de Torquato Neto estejam repletas de dicas de adeus, é importante sublinhar quão empobrecedora é a perspectiva de leitura teleológica da obra do poeta, que tenta ver tudo sob a perspectiva da partida precoce de Torquato, em seu aniversário de 28 anos, como se, ao aceitar o convite do anjo louco com asas de avião, só lhe restasse uma vida breve, à margem de tudo.

Nesse sentido, a perspectiva de Viviana Bosi (2021, p. 73-74) aponta para uma possibilidade de investigação mais instigante ao compreender o percurso de Torquato Neto como "um verdadeiro paradigma para melhor conhecer os traumas de sua época", e cuja "carreira prossegue em consonância – num nível agudíssimo – com os acontecimentos e o espírito do tempo deles resultantes". Verificar em que medida essas narrativas apontam para um "estreitamento dos horizontes da vida cultural brasileira e da concomitante crise de expressão", como observado por Bosi (2021, p. 113), pode elucidar os impasses da geração que se viu dispersada à força pelo autoritarismo de Estado.

REFERÊNCIAS

BOSI. Viviana. *Poesia em risco*: itinerários para aportar nos anos 1970 e além. São Paulo: Editora 34, 2021.

CAMPOS. Augusto de. *O balanço da bossa e outras bossas*. São Paulo: Perspectiva, 1993.

FALLEIROS, Manuel Silveira; SANTOS, Carlos Roberto Ferreira dos. Let's play that: impulsos de um serialismo tropical em Jards Macalé. *Revista Música Hodie,* Goiânia, v. 23, 2023. Disponível em: https://revistas.ufg.br/musica/article/view/73991. Acesso em: 6 set. 2024.

GIL, Gilberto. *Todas as letras*. São Paulo: Companhia das Letras, 2003.

MONTEIRO, André. *A ruptura do escorpião*: ensaio sobre Torquato Neto e o mito da marginalidade. São Paulo: Cone Sul, 2000.

NETO, Torquato. *Os últimos dias de paupéria*. São Paulo: Max Limonad, 1982.

NETO, Torquato; PIRES, Paulo Roberto (org.). *Torquatália*: do lado de dentro. Rio de Janeiro: Rocco, 2004.

NETO, Torquato; PIRES, Paulo Roberto (org.). *Torquatália*: geleia geral. Rio de Janeiro: Rocco, 2004.

VELOSO, Caetano. *Verdade tropical*. Edição de 20 anos, revista e ampliada. São Paulo: Companhia das Letras, 2017.

ZAN, José Roberto. *Jards Macalé*: desafinando coros em tempos sombrios. *Revista USP*, São Paulo, n. 87, p. 156-171, 1 nov. 2010.

DESDOBRAMENTOS POÉTICOS DA ORALIDADE NO BRASIL

Patrícia Bastos

Considerando o exercício da oralidade presente em boa parte da produção relativa às letras seiscentistas durante a colônia luso-brasileira, é fundamental iniciar esta abordagem a partir da poesia atribuída a Gregório de Matos e Guerra, ressaltando que escrever sobre um autor como o poeta baiano em questão representa sempre enorme desafio, já que ele não deixou obra publicada em vida. Tal fato, por si só, não deixa de despertar singular curiosidade acerca da maneira pela qual essa matéria poética circulou no interior da colônia brasileira seiscentista – revelando tamanha força e expressividade –, ao ponto de se fazer presente ainda nos dias de hoje.

Outra pergunta que interessa particularmente a este estudo diz respeito não apenas à circulação de sua obra (isto é, o suporte físico, a maneira pela qual a mensagem chegava ao interlocutor), mas também em quais circunstâncias sociais e culturais ela foi produzida. Isso porque é inevitável pensar na influência da voz nessa organização social, na importância que lhe era atribuída e nas ocasiões que favoreciam o seu uso.

Sobre a já falada e polêmica questão da autoria gregoriana, não há como deixar de mencionar a emblemática frase de Antonio Candido: "ralas e esparsas manifestações sem ressonância" (Candido, 2018, p. 15), referindo-se, no prefácio da segunda edição do seu livro *Formação da literatura brasileira*, às letras seiscentistas produzidas ao longo do Brasil colônia.

Em "Literatura como sistema", introdução do volume 2 (2018, p. 24), Candido afirma com maior precisão que o autor não existiu "literariamente" (em perspectiva histórica) até o Romantismo, quando foi redescoberto, atribuindo ao poeta obscurantismo e inexistência de contribuição no que diz respeito à criação do sistema literário brasileiro.

Para Haroldo de Campos, (2011), a metodologia histórica e estética adotada por Candido ao deparar-se com a ausência de documentação cursiva da obra poética atribuída a Gregório de Matos e de outras expressões "barroquistas" (2011, p. 10), suprime-lhes o lugar nos "momentos decisivos" da literatura brasileira. Portanto, considerando o entusiasmo da historiografia literária brasileira em relação à origem, a pergunta se realmente teria existido um grande poeta brasileiro chamado Gregório de Matos cria um "paradoxo borgiano" (Campos, 2011, p. 21), já que um dos maiores poetas brasileiros anteriores à modernidade, segundo Haroldo de Campos, é justamente aquele que parece não ter existido "literariamente" em perspectiva histórica para Antonio Candido.

No que diz respeito à obsessão da historiografia literária à qual se refere Haroldo de Campos, ela parece não ter sido exclusiva aos críticos brasileiros, já que, na década de 1960, ao menos na França, prejudicava gravemente o prestígio de um texto do século XII a possibilidade de provar-se que seu modo de existência havia sido principalmente oral. Um preconceito muito forte, portanto, impedia a maioria dos leitores eruditos de admitir que tal texto pudesse nunca ter sido escrito e, na intenção do autor, não haver sido oferecido somente à leitura.

Desse modo, o termo "literatura" marcava, por conseguinte, o limite do admissível (Zumthor, 2001, p. 8). Sobre isso importa novamente citar Antonio Candido, quando afirma que Gregório de Matos não parece ter tido o cuidado de imprimir suas obras, "que se malbarataram nas cópias volantes e no curso deformador da reprodução oral, propiciando a confusão e a deformação que ainda hoje as cercam" (Candido, 2006, p. 101).

Destaco que o crítico paulista usa a expressão "reprodução oral", o que reforça a importância de distinguir entre tradição oral e transmissão oral, sendo a tradição ligada à duração e a transmissão à performance, ou seja, a forma como a oralidade é realizada no interior da escrita (Zumthor, 2001, p. 17). Zumthor acrescenta ainda que por "índice de oralidade" devemos entender tudo o que no interior de um texto demonstra a intervenção da voz humana em sua publicação, ou seja, "na mutação pela qual o texto passou, uma ou mais vezes, de um estado virtual à atualidade e existiu na atenção e na memória de certo número de indivíduos" (2001, p. 35).

Sobre os poemas satíricos barrocos, especificamente, é importante ressaltar que funcionavam em condições teatrais, ou seja, como comunicação entre um cantador e seu auditório. A oralidade, que segundo Adolfo Hansen pode ser encontrada em diversos textos de Gregório de Matos, tem efeito direto sobre eles. De acordo com o autor, ela está representada, por exemplo, em vários poemas compostos por epílogos (1989, p. 41), como podemos ler a seguir:

> Que falta nesta cidade?... Verdade.
> Que mais por sua desonra?... Honra.
> Falta mais que se lhe ponha?... Vergonha.
>
> O demo a viver se exponha,
> Por mais que a fama a exalta,
> Numa cidade onde falta
> Verdade, honra, vergonha.
> (Matos, 1989, p. 46).

Notamos que a estrutura desse poema, elaborado por meio de um esquema de pergunta e resposta, traz à tona a ideia da polifonia da sátira gregoriana, em que há a presença de ecos que representam um coro ratificante e moralizante, refletindo os valores da sociedade do século XVII. A palavra final de cada verso não soa, porém, apenas como um eco, e, sim, como uma espécie de diálogo entre duas ou mais vozes: esse eco responde e representa um segundo corpo e uma segunda voz. O coro já mencionado confirma a potência da palavra ou da ideia anterior, criando, assim, uma nova palavra. Dessa forma, é possível enxergar a *persona* satírica como uma personagem complexa, que reúne em si muitas vozes e representações.

Convém, portanto, refletir acerca dos fatores que contribuíram para a expressiva presença e importância da voz nessa sociedade, pensando em variantes que vão além do fato de não haver imprensa na colônia luso-brasileira.

De acordo com Paul Zumthor, referente ao contexto ocidental, até o ano 1000 o uso da escritura era confinado a alguns mosteiros e cortes régias, expandindo-se com "extrema lentidão nas classes dirigentes dos jovens Estados europeus" (2001, p. 97). Sobre o mesmo assunto, o autor acrescenta que até 1200 bastavam poucos volumes para que um erudito fizesse carreira: "coleção facilmente transportável, modificada ou acrescida ao longo dos anos por intercâmbio, cópia e raramente compra" (2001, p. 98), pois a alta carestia da escrita reduzia-lhe a utilidade.

Tal fato fica claro ao nos depararmos com o número de livros em bibliotecas da época, como o caso da de Durham, uma das maiores da Europa, que por volta de 1200 tinha o impressionante número de 546 livros. Segundo Zumthor (2001, p. 98), de acordo com o lugar, a época e as pessoas implicadas, "o texto dependia muitas vezes de uma oralidade que funcionava em zona de escritura (foi essa sem dúvida a regra dos séculos XII e XIII) e de uma escritura que funcionava em oralidade" – o que parece também ter sido o caso da sátira luso-brasileira.

No que diz respeito à colônia é importante lembrar que embora a coroa portuguesa proibisse a imprensa, a cultura do impresso existia; entretanto o livro era raro, caro e censurado (Hansen, 2014). Devemos igualmente considerar o grande número dos que não sabiam ler, conforme Hansen e Moreira (2013, p. 65): "não há como descrer que, no caso da América portuguesa do século XVII, poemas pudessem também ser lidos, embora por uma minoria".

Outro fator que não deve ser omitido é a existência dos povos originários e dos africanos trazidos forçadamente para o território brasileiro. É preciso destacar que esses povos sofreram uma violenta imposição da língua e da cultura europeias. No caso dos indígenas cabe ressaltar que a primeira gramática geral da língua indígena data de 1595, "a que se seguiram outras compostas nos séculos XVII e XVIII, através de ações da Companhia de Jesus" (Moreira, 2016, p. 354). Já a população africana valeu-se da palavra como um meio de preservação da sabedoria dos seus ancestrais, o que contribuiu para a resistência, o movimento de tradições e para a manutenção da memória coletiva dessa população.

De acordo com Marcelo Moreira (2013, p. 70), durante o período abordado, palavras de origens tupi e banta foram integradas aos vocábulos portugueses; a poesia de Gregório de Matos espelha com clareza a influência dessas relações, como demonstra o fragmento do poema a seguir, em que se observa a predominância de termos indígenas.[1]

> sou desses olhos **timbó**
> amante mais que um **cipó**
> desprezado **Inhapupê**,
> pois se eu fora **Zabelê**
> vos mandara um **Miraró**.
> (Matos, 1989, p. 241, grifos meus).

---

[1] Timbó s.m.: palavra de origem tupi relativa a numerosas plantas das famílias das leguminosas e das sapindáceas, cujas cascas e raízes têm o alcaloide timboína, responsável por envenenamento de peixes quando lançado em águas de rios ou lagos. Também chamado de Tingui (*Dicionário Michaelis* online).
Cipó s.m.: palavra de origem tupi referente a plantas lenhosas e trepadeiras, típicas de florestas tropicais, de hastes delgadas e flexíveis, que sobem por árvores e arbustos, entrelaçando-se neles ou fixando-se por meio de acúleos ou gavinhas: icipó, liana (*Dicionário Michaelis* online).
Inhapupê s.m.: de acordo com o *Dicionário Michaelis* online, a palavra apresenta etimologia desconhecida; no entanto, conforme o dicionário online *inFormal*, inhapupê é um vocábulo de origem indígena que define uma ave (*Dicionário InFormal* online).
Zabelê s.f.: etimologia desconhecida. Ave brasileira da família dos tinamídeos, medindo entre 30 a 36 cm. Subespécie ou forma nordestina do Jaó-do-litoral do sudeste e do sul do Brasil, do qual difere principalmente pelo colorido mais pálido. Habita as matas de Minas Gerais e Nordeste, na caatinga, onde também é chamado de Zambelê (*Dicionário InFormal* online).
Miraró s.m.: a etimologia da palavra também é desconhecida, no entanto, na definição dada por João Adolfo Hansen (2013), o termo significa espelho.

O fato, portanto, de a poesia gregoriana, sobretudo no que diz respeito à sátira, estar relacionada ao uso da voz, levanta outra questão cara a esse texto. O Brasil parece ter sido, durante muitos anos após Gregório de Matos, um solo fértil para esse tipo de produção. Prova disso é a chegada do cordel no final do século XVIII. Produto cultural de origem europeia, os cordéis desenvolveram-se principalmente no Nordeste e "não obstante, como outras manifestações culturais agrupadas sob a rubrica *Literatura Oral*, podem ser transmitidos por processos não gráficos" (Salles, 1985, p. 25, grifo do autor) –, podendo, igualmente, representarem temas tradicionais ou criações produzidas pelo presente Salles, 1985).

Embora haja, é claro, assimetrias, chama a atenção o fato de a literatura de cordel, assim como a poesia atribuída ao poeta seiscentista (ao menos ao que tudo indica), estar associada à tradição da poesia manuscrita, "que circulava de mão em mão ou se afixava em determinados pontos da cidade" (Salles, 1985, p. 26). É o que esclarece Vicente Salles em seu livro *Repente e cordel* (1985), acrescentado, ainda, que "as formas conservadas e escritas, como os volantes, pasquins e folhetos, que no Brasil correspondem aos *pliegos suetos*, da tradição hispano-americana, não deixam de ser transmitidas oralmente, em determinadas circunstâncias, pelo homem do povo (Salles, 1985, p. 25, grifo do autor).

Salles também destaca que é possível encontrar indicações como "o caráter crítico e humorístico" (1985, p. 26), além de elementos fornecidos pelo cotidiano, o que configuraria mais um fator relevante para pensarmos um ponto de encontro com a poesia satírica gregoriana.

No caso específico de Gregório de Matos, podemos examinar como funcionava a recepção da sátira, se era lida em voz alta para todos, para um pequeno grupo, ou, conforme já mencionado, se circulava por meio de pasquins, ou se anônima em folhas volantes. Da mesma forma, devemos considerar a presença de técnicas discursivas relacionadas à retórica e à oratória utilizadas na constituição não só de sua poesia satírica como de sua poesia lírica-amorosa. E embora não existam respostas para algumas perguntas, sabemos que no caso da sátira, conforme a tradição do gênero (relacionado ao cômico e à ridicularização dos vícios/imperfeições), ela é aberta, o que proporciona seu caráter oral, "a sátira é estruturalmente aberta e, no caso em questão, a abertura faz dela uma forma da oralidade e da audição, segundo a temporalidade curta da praça e das ruas" (Hansen,

1989, p. 40). E já que a voz do poeta é também a voz de quem a escuta, a sátira é, principalmente, uma forma de intervenção produtora de um rosto anônimo em que alguém se reconhece.

Em seu livro *História social da música brasileira*, José Ramos Tinhorão faz uma importante análise para pensarmos a relação de Gregório de Matos com cantigas no Recôncavo Baiano, o que, novamente, possibilita pensar a poesia gregoriana satírica como uma matéria poética estritamente relacionada ao uso da voz.

Logo no início de seu texto, Tinhorão refere-se a Gregório de Matos como "crítico de costumes e desabrido forjador de ironias e sarcasmos" (2010, p. 55). Sobre isso é interessante observar que para Antonio Dimas (1983, p. 14), a poesia atribuída ao autor tinha aspecto multifacetado e que, por intermédio da sua sátira social era possível esquadrinhar o lado escuso da colonização, o que vai de encontro à expressão "crítico de costumes" utilizada por Tinhorão.

Essa espécie de crônica, que estaria relacionada aos acontecimentos da colônia luso-brasileira, de acordo com o autor, projeta de forma viva, "como imagens em movimentos numa tela, centenas de situações e episódios engraçados ou escatológicos da vida da cidade de Salvador e de outros centros urbanos-rurais do Recôncavo" (Tinhorão, 2010, p. 55). Tudo, é claro, visto a partir do ponto de vista de um *fidalgo*, um filho da elite branca local, como Tinhorão faz questão de enfatizar.

Essa poesia seria, então, produzida a partir das andanças boêmias feitas por Gregório de Matos pelos engenhos de Salvador, acompanhado de uma viola "que por suas curiosas mãos fizera de cabaço" (Tinhorão, 2010, p. 55). Nesse caso, segundo Tinhorão, o poeta não só deu continuidade à tradição dos trovadores quinhentistas, apreciadores de romances acompanhados à viola, como também:

> [...] entregava-se já à glosa de quadras e estribilhos de cantigas populares do tempo sob a forma de décimas (tão comuns duzentos anos depois Portugal, com o advento dos "fados" na segunda metade do século XIX), ao desenvolvimento de motes visivelmente fornecidos por frases populares [...] e a composição de coplas para canto e despedidas [...] (Tinhorão, 2010, p. 57).

No que diz respeito ao que vem sendo discutido, importa destacar que o desenvolvimento da poesia brasileira está diretamente relacionado ao fato de a poética colonial ter tido início a partir da imitação de modelos peninsulares anteriores. João Adolfo Hansen (1989, p. 16) esclarece que a poesia barroca do século XVII é um estilo, uma linguagem construída com "lugares comuns – retóricos-poéticos", ou seja, uma linguagem configurada por meio de convenções de produção e da recepção. Conforme Maria do Socorro F. de Carvalho, o conceito de imitação implica, dessa maneira, "na emulação do modo de fazer de outros autores [...], ao fim, é o estilo que se imita" (Carvalho, 2007, p. 172), o que justificaria, portanto, a continuidade do trovadorismo quinhentista na poesia atribuída ao poeta.

Outro aspecto que devemos considerar refere-se à composição de coplas para canto de despedidas, estilo que "viria a ganhar no século XVIII a forma de gênero de canto sob o nome 'cantigas em despedidas'" (Tinhorão, 2010, p. 57), gênero que, de acordo com o autor, aparece também em folhetos de cordéis oitocentistas. Assim, podemos novamente observar a relação de similitude estabelecida entre a poesia gregoriana e a chegada do cordel no Brasil. Segundo Vicente Salles, "essa poesia circunstancial elaborada com elementos fornecidos pelo cotidiano" (1985, p. 27) tendia muitas vezes a popularizar-se, o que mais uma vez a aproxima da sátira produzida na colônia brasileira durante o século XVII.

Ainda de acordo com Tinhorão (2010, p. 58), entre as variadas modalidades de versos cantados utilizados pelo "poeta músico" estavam, predominantemente, junto às glosas e cantigas, coplas e chansonetas, os romances, que permitiam ao poeta contar "no estilo popular-tradicional das redondilhas maiores" os acontecimentos do dia a dia, sempre acompanhado da viola, revelando, dessa maneira, sua preferência pela forma de "canto falado".

Sobre essa perspectiva, Hansen (1989, p. 42) ressalta que os romances "contêm a redundância própria da oralidade, geralmente não encontrada nos sonetos", e que tanto as décimas como os romances, gêneros bastante frequentes na produção atribuída a Gregório de Matos, são constituídos por fragmentos de discursos repetidos em diversos poemas, como: *Adeus, dou ao demo, Valha o diabo, Dizem que...*, e pela aplicação de provérbios ("frases populares" – observadas anteriormente por Tinhorão): "gato por lebre", "um falar por entre os dentes", "dormir a olhos alertas" (Hansen, 1989, p. 43):

> **Dou ao demo** os insensatos,
> **dou ao demo** a gente asnal [...]
> (Matos, 2013, p. 47 – grifos meus).

E ainda:

> **Adeus** praia, **adeus** Cidade,
> e agora me deverás [...]
> (Matos, 2013, p. 190 – grifos meus).

A esse respeito, José Ramos Tinhorão (2010, p. 58, grifo do autor) afirma que a grande quantidade e variedade dos romances (alguns com estribilho), "versos sobre motes e décimas cantadas, somadas às glosas, cantigas *chulas* bem como as liras e chansonetas declaradamente compostas para serem cantadas com o acompanhamento da viola", indica que boa parte de sua poesia deveria ser estudada "não como uma obra poética, mas como versos de música popular" (2010, p. 59). A declaração é polêmica, entretanto, somada às informações anteriores, merece reflexão.

No que diz respeito às composições de poucos versos (geralmente quadras) recorrentes na poesia gregoriana e genericamente denominadas *chulas*, de acordo com Tinhorão, "receberam esse nome por constituírem na verdade, *chularias* postas em curso pelos *chulos*, ou seja, a gente de mais baixa condição social" (Tinhorão, 2010, p. 63, grifos do autor).

A observação evidencia um importante aspecto, já que a sátira, diferentemente da lírica-amorosa, era dirigida a um público supostamente iletrado. Acerca dessa informação convém igualmente considerar que essa denominação de gente *chula* referindo-se aos integrantes das camadas mais pobres trazia implícito o "preconceito de classe ante a própria escolha do termo" (Tinhorão, 2010, p. 63).

Outra importante compreensão é que a *chula*, de acordo com Vicente Salles – poesia, canto e dança –, é de origem portuguesa. Salles também afirma que "em Portugal, a *chula* recebe o nome de *cantiga ao desafio* no Norte, de *desgarrada* no Sul e de *charamba* nos Açores e na Ilha da Madeira. Primitivamente era cantiga paralelística para dois cantadores ou para solista e coro" (Salles, 1985, p. 46, grifos do autor).

Desse modo, ainda conforme o autor, em Portugal a importância da *chula* estaria relacionada ao folclore português. Segundo a tradição ibérica, os cantares *ao desafio* são associados a certa malícia e ironia, que algumas vezes resultam no insulto. Já os cantares às *desgarradas* são quadras populares e a *charamba* sua forma dançada (Salles, 1985).

Os primeiros documentos relativos à *chula* no que diz respeito ao Brasil foram obtidos, sobretudo, na Bahia, no início do século XIX. De acordo com Salles, se no extremo Norte ela conserva-se apenas como um canto e no extremo Sul apenas como dança, no Nordeste ela associa canto e dança, como na capoeira, podendo, no entanto, ser manifestada em sua forma exclusivamente cantada. Há, ainda, o caso "de a palavra designar apenas a *versalhada*, memorizada ou improvisada, dos palhaços nas folias de Reis" (Salles, 1985, p. 47).

Sobre outros desdobramentos poéticos da oralidade no Brasil, agora em uma linha de tempo mais próxima, é fundamental acrescentar a essa abordagem o *slam* da poesia: original de Chicago (EUA) e presente em diversos lugares do mundo, o *slam*, ou *poetry slam*, chegou ao Brasil há pouco mais de uma década, podendo ser definido como um fenômeno atual de poesia oral (escrita e posteriormente falada), autoral e performática. A partir de temas sociais, que abordam as adversidades do cotidiano, e por meio de competições ou "batalhas", a manifestação cultural é integrada por poetas que se apropriam do corpo, da cidade/espaço e da linguagem poética.

Desse modo, pensando em simetrias com o que até agora foi discutido e sabendo que a poesia do *slam* acontece a partir da performance, em que é necessária a habilidade do poeta em interagir com o público por intermédio da sua voz (D'Alva, 2022), é possível pensar que o *slam*, assim como a poesia atribuída a Gregório de Matos, também remete a tradições relacionadas à prática oratória. É o caso de considerar os discursos realizados por oradores, que ressaltavam a aptidão do orador na medida em que eram realizados com exuberância e como uma espécie de espetáculo público.

Um exemplo bastante conhecido durante a colônia luso-brasileira são os sermões de Padre Antônio Vieira, em que o orador reunia os valores reconhecidos pelo auditório, convencendo e comovendo os ouvintes. Sua inventividade era alimentada pelos *topoi*, isto é, lugares comuns da memória compartilhada.

Sendo assim, cabe destacar que, de acordo com Roberta Estrela D'Alva (2022) – organizadora, junto ao Núcleo Bartolomeu de Depoimentos, da primeira edição de um *Slam Poetry* no Brasil –, no *slam* o que está em jogo não é só a qualidade literária do poema escrito, mas a possibilidade de dizê-lo diante de uma audiência, causando efeito imediato sobre ela. Olhos e ouvidos configuram, portanto, "os dois sentidos pelos quais toda emoção atinge o espírito" (Quintiliano, 2015, s/p.).

Logo, em uma situação de comunicação poética, o ouvinte faz parte da performance e, conforme Zumthor (2010, p. 257), o papel que ocupa é tão importante como o do intérprete, pois a recepção da poesia "é um ato único, fugaz e irreversível". Ainda sobre o assunto, Estrela D'Alva destaca que o motivo de um poeta ou uma poeta vencer uma batalha de *slam* é justamente a capacidade de jogar melhor com as palavras e os acontecimentos do momento, importando menos as palavras em si e mais a combinação de um bom texto integrado ao corpo "em forma de voz e gesto, aos sentimentos e à capacidade de engajar a audiência" (2022, p. 33). Nesse caso, a relação entre voz, corpo e público ressalta a importância do corpo como o suporte do texto.

Para Marco Fabio Quintiliano, importante retórico nascido aproximadamente entre 30 e 40 anos depois de Cristo, a emissão estaria integrada por duas partes: a voz e a postura, isto é, o movimento e a gesticulação, o que alcançaria importância admirável nos discursos, já que a emissão não se firma tanto nas caraterísticas que lhe damos em sua elaboração, mas na maneira pelas quais as coisas são emitidas e, de fato, "qualquer um se sente atingido pelo modo com que ouve" (Quintiliano, 2015, s/p.). O que vai de encontro a algo que Estrela D'Alva (2022) por vezes enfatiza: no *slam* interessa o "como", "onde" e "por quem" o poema está sendo dito. Logo, é a voz, a partir do corpo, que modaliza o discurso, e é "o gesto que gera no espaço a forma externa do poema" (Zumthor, 2010, p. 222).

Outra característica que aproxima a poesia do *slam* ao que vem sendo abordado é o fato de que todos os *slams* nacionais, desde a criação do *slam* da Gulhermina (o segundo do Brasil e o primeiro *slam* de rua), em 2012, com pouquíssimas exceções, ocorrem, na grande maioria das vezes, em espaços públicos, "mais precisamente em praças e ruas. Essa é uma característica particularmente brasileira, já que em todo o mundo, os *slams* costumam ser realizados em locais fechados" (D'Alva, 2022, p. 17).

Sob essa perspectiva, cito novamente Zumthor (2010, p. 172), quando afirma que durante séculos a rua foi o lugar favorito dos recitadores de poesia, dos cançonetistas e dos satiristas, o que, conforme já discutido aqui, também remete à poesia satírica atribuída a Gregório de Matos.

E já que a praça é do povo, é importante ressaltar que no que diz respeito às diferenças em relação à poesia satírica gregoriana, podemos pensar justamente na crítica feita ao *status quo*. Embora esteja presente na sátira social do poeta barroco e no *slam*, ela exerce funções diferentes nas duas poesias. A sátira produzida na Bahia do século XVII "não é oposição aos poderes constituídos, ainda que ataque violentamente membros particulares desses poderes" (Hansen, 1989, p. 29). Já o *slam*, a partir da continuidade oral, vocaliza a complexidade de temas que envolvem raça, gênero, classe e sexualidade, o que também implica na busca e na afirmação da identidade de um *eu*, considerando identidade como um processo cultural e social sempre em construção, e o *eu* como produto da performance, constituído a partir da convergência com o *outro*, representando o diálogo com o coletivo.

São poetas que, a partir do corpo, da voz e da poesia expressam, sobretudo, força política, e que se posicionam em um contexto pós-colonial, mais de 300 anos depois da poesia do poeta baiano. Dessa forma, ressalto que tanto a poesia satírica atribuída a Gregório de Matos, o cordel e o *slam*, dialogam entre si não apenas por tratarem da íntima relação com a voz, mas também por serem produções artísticas estabelecidas pela recepção do público em questão, o que também significa estarem pautadas pelos valores de uma época e de determinados grupos sociais.

Mas, afinal, o que falta nessa cidade? A pergunta, feita por Gregório de Matos no poema já visto aqui, destaca também que as considerações levantadas são importantes para que possamos pensar acerca dos valores aqui abordados, na medida em que muitos permanecem presentes nos dias de hoje. Se questões como o racismo, a misoginia, o patrimonialismo e tantas outras temáticas que nos atravessam não representam relevância para a poesia luso-brasileira seiscentista, certamente configuram questões importantes a nós e ao nosso tempo, sendo esse um forte argumento para a perseverança na pesquisa e no estudo no que diz respeito à poesia que se convencionou chamar de barroca, bem como ao que se refere aos desdobramentos poéticos da oralidade no Brasil –, já que revelam um importante exercício não somente para a manutenção da memória como para, a partir dela, sermos capazes de compreender singularidades fundamentais da nossa organização social/cultural, entendendo dessa maneira a tradição como um fenômeno movente e não como um processo interdito no tempo da história.

Acrescento aqui, já me aproximando do fim, uma pequena parte do poema de Rejane Barcelos, a rainha do verso, que conheci pelo artigo "*Slam* das minas RJ, descolonizando saberes", da professora e pesquisadora Fabiana Bazilio Farias. Versos que, diante da discussão apresentada, falam alto à conclusão deste texto:

> É em meio a copos espumantes
> Funk no talo
> Risadas sem causa

Criança ninando
Que a mágica acontece
O poder das palavras não se dá em meio ao caos
O caos exige silêncio
Pra ouvir o tiro
E saber de onde vem (Barcelos *In:* Farias, 2021, p. 732-733).

REFERÊNCIAS

BARCELOS, Rejane. Perfil pessoal no Instagram. Disponível em https://www.instagram.com/rainhadoverso/. Acesso em: 6 set. 2024.

CAMPOS, Haroldo. *O sequestro do Barroco na formação da literatura brasileira*: o caso Gregório de Matos. São Paulo: Iluminuras, 2011.

CANDIDO, Antonio. *Formação da literatura brasileira*: momentos decisivos. Rio de Janeiro: Ouro sobre o Azul, 2018.

CANDIDO, Antonio. *Literatura e sociedade*. Rio de Janeiro: Ouro sobre o Azul, 2006.

CARVALHO, Maria do Socorro F. de. *Poesia de agudeza em Portugal*. São Paulo: Humanitas Editorial; Editora da Universidade de São Paulo; Fundação de Amparo à Pesquisa do Estado de São Paulo, 2007.

D`ALVA, Roberta Estrela. Vozes em levante. Dossiê Poetry Slam, parte 1. *Revista Terceira Margem*, Rio de Janeiro, v. 26, n. 49, 2022.

DICIONÁRIO *Michaelis online*. Disponível em: https://michaelis.uol.com.br/moderno-portugues/ último. Acesso em: 21 maio 2024.

DICIONÁRIO *inFormal online*. Disponível em: https://www.dicionarioinformal.com.br/ último. Acesso em: 21 maio 2024.

FARIAS, Fabiana Bazilio. Slam das minas-RJ: descolonizando saberes. *In:* Anais do V Colóquio Internacional de Literatura e Gênero: questões de gênero na literatura luso-afro-brasileira / II Colóquio Nacional de Imprensa Feminina: debatendo diversidade e identidades. Teresina: FUESPI, 2021, p. 730-736.

HANSEN, João Adolfo. *A sátira e o engenho*: Gregório de Matos e a Bahía do século XVII. São Paulo: Companhia das Letras, 1989.

HANSEN, João Adolfo. *Autoria, obra e público na poesia colonial luso-brasileira atribuída a Gregório de Matos*. Disponível em: http://apsa.us/ellipsis/12/hansen.pdf - 2014. Acesso em: 6 set. 2024.

MATOS, Gregório de. *Poemas atribuídos*: códice Asensio-Cunha. v. III. HANSEN, João Adolfo; MOREIRA, Marcello (ed.). Belo Horizonte: Autêntica, 2013.

MOREIRA, Marcelo. Diálogos catequéticos coloniais: cena textual versus performance. *Topoi*, Rio de Janeiro, v. 17, n. 33, p. 353/371, jul./dez. 2016. Disponível em: www.revistatopoi.org. Acesso em: 6 set. 2024.

QUINTILIANO, Marcos Fábio. *Instituição oratória*. Tradução e notas de Bruno Fregni Basseto. Campinas: Editora da Universidade Estadual de Campinas, 2015.

SALLES, Vicente. *Repente e cordel*: literatura popular em versos na Amazônia. Rio de Janeiro: Fundação Nacional de Artes; Instituto Nacional do Folclore, 1985.

TINHORÃO, José Ramos. *História social da música popular brasileira*. São Paulo: Editora 34, 2010.

ZUMTHOR, Paul. *Introdução à poesia oral*. Belo Horizonte: Editora da Universidade Federal de Minas Gerais, 2010.

ZUMTHOR, Paul. *A letra e a voz*: A "literatura" medieval. São Paulo: Companhia das Letras, 2001.

SOBRE OS AUTORES

Ana Karolina Kobi

Graduanda em Letras/Literaturas na Universidade do estado do Rio de Janeiro (Uerj). Integrante do projeto de pesquisa Poesia e Transdisciplinaridade: a Vocoperformance e do projeto de extensão Laboratório de Estudos de Poesia e Vocoperformance. Pesquisa canção popular brasileira, com ênfase na discografia de Maria Bethânia.

Orcid: 0009-0006-0494-5433

Email: kobikarolina@gmail.com

Bernardo Oliveira

Professor de Filosofia no Departamento de Fundamentos da Educação na Faculdade de Educação (UFRJ), pesquisador, crítico de música e cinema e produtor cultural. Graduação em Filosofia pela Universidade Federal do Rio de Janeiro (UFRJ, 2003), mestrado (2007) e doutorado (2011) em Filosofia pela Pontifícia Universidade Católica do Rio de Janeiro (PUC-Rio). Realizou doutorado-sanduíche em Brown University (com o Prof. Bernard Reginster) e pós-doutorado no IFCS/UFRJ, ambos explorando as relações entre cultura e política na obra de Nietzsche. Publicou *Tom Zé, Estudando o Samba* (2014) e *Deixa queimar* (2021). Codirigiu com Saskia o média-metragem *Caixa Preta* (2022).

Orcid: 0000-0003-0335-6988

Email: bernardo.oliveira@gmail.com

Carla dos Santos e Silva Oliveira

Graduação em Letras na Universidade do Estado do Rio de Janeiro (Uerj, 2013), com habilitação em Língua Portuguesa e suas Literaturas, e em Comunicação Social (2012), com habilitação em Jornalismo na Univer-Cidade. É mestre em Letras (Uerj/Capes, 2020) e, atualmente, doutoranda (Uerj/Capes), com pesquisa em torno das poéticas da contemporaneidade, sob a orientação do Prof. Dr. Leonardo Davino de Oliveira. Tem uma extensa trajetória como redatora e revisora, atuando, neste momento, como professora de Literatura nos projetos sociais Preparanem e Pré-vestibular Social do Sindicato dos Trabalhadores das Universidades Públicas do

Rio de Janeiro. Integrou o corpo curatorial da revista *Garupa* entre 2019 e 2022, e desde janeiro de 2024 é editora-geral da revista *Palimpsesto*, do Programa de Pós-Graduação em Letras da Uerj.

Orcid: 0000-0003-4270-9686

Email: carlaoliveiraletras@gmail.com

Davi Santos

Graduando em Letras – Português/Francês – pela Universidade do Estado do Rio de Janeiro (Uerj). Já atuou como estagiário na Secretaria Municipal de Educação do Rio de Janeiro (SME-RJ, 2022 - 2023) e como pesquisador junior no Real Gabinete Português de Leitura (2023-2024). Segue atuando como professor de redação no Pré-Vestibular Comunitário da Pontifícia Universidade Católica do Rio de Janeiro (PUC-Rio) e como colaborador de matérias para o portal R7 Lorena & IG In Magazine.

Orcid: 0009-0009-8987-5623

Email: alunodaviosantos@gmail.com

Ênio Bernardes de Andrade (Enzo Banzo)

É graduado (2004) e mestre (2017) em Letras e doutor (2022) em Estudos Literários pela Universidade Federal de Uberlândia (UFU). É músico, escritor e pesquisador. Integrante da Banda Porcas Borboletas, com quatro discos gravados. Em carreira solo lançou os álbuns *Amor de AM* (2021) e *Canção escondida* (2017). Publicou os livros *Beleza do erro: crônicas e alguma crítica* (2024); *Copo de sede* (2021), com Paula Lice; e *Poesia colírica* (2014). Coorganizou as obras *Lamber a língua: Caetano 80* (2023), com Márcia Fráguas e Leonardo Davino; e *Literatura de jornal: escritos de Enzo Banzo e Danislau* (2024).

Orcid: 0000-0003-2112-7273

Email: enzobanzo@gmail.com

Fabiana Bazilio Farias

Doutora em Estudos Literários pela Universidade do Estado do Rio de Janeiro (Uerj, 2017). É graduada (2005) e mestre (2011) em Letras pela mesma instituição. Com pós-doutorado na área de Humanidades, Culturas e Artes. Pesquisadora de práticas vocais de poesia, com foco no Slam, com diversos artigos e capítulos de livros publicados sobre o tema. Atualmente é coordenadora pedagógica na Secretaria Municipal de Educação da Prefeitura do Rio de Janeiro e professora substituta de Literatura Brasileira da Uerj.

Orcid: 0000-0001-9054-7568

Email: fabibfarias@gmail.com

Gabriel Costa Resende Pinto Bastos dos Santos

Mestrando em Literatura Brasileira, como bolsista Capes, na Universidade do Estado do Rio de Janeiro (Uerj). É graduado em Letras Português-Japonês (2022) pela mesma instituição. Foi bolsista Faperj de iniciação científica (2018-2020) e estagiário da Fundação Getulio Vargas (2020-2022). Tem interesse em questões teóricas e historiográficas dos estudos literários, especialmente as que mobilizam rearranjos metodológicos e disciplinares.

Orcid: 0009-0002-9386-1151

Email: gabrielcostarpb@gmail.com

Leonardo Davino de Oliveira

Professor associado de Literatura Brasileira na Universidade do Estado do Rio de Janeiro (Uerj). Bolsista de Produtividade CNPq. Procientista Uerj/Faperj. Doutor em Literatura Comparada (2014), mestre (2010) e especialista (2007) em Literatura Brasileira pela Universidade do Estado do Rio de Janeiro (Uerj). Graduação em Letras pela Universidade Federal da Paraíba (UFPB, 2006). Coordena o Laboratório de Estudos de Poesia e Vocoperformance. Autor dos livros *Canção: a musa híbrida de Caetano Veloso* (2012); *De musas e sereias: a presença dos seres que cantam a poesia* (2021); *Domingou a pandemia* (2022); e *Do poema à canção: a vocoperformance* (2023). Também é coorganizador e autor dos livros *Palavra cantada: estudos transdisciplinares* (2014); *Conversas sobre literatura em tempos de crise* (2017); *Bioescritas/biopoéticas: pensamento em trânsito* (2018); *Poesia Contemporânea: crítica e transdisciplinaridade* (2018); *Literatura brasileira em foco VIII: outras formas de escrita* (2018); *Literatura brasileira em foco IX: representação e autorrepresentação* (2022); *Lamber a língua: Caetano 80* (2023); *Literatura brasileira em foco X: Cânone: margens e rupturas* (2024) e *Da voz à letra e de volta à voz: poesia e performance vocal* (2024). Desenvolve pesquisa sobre poesia e vocoperformance.

Orcid: 0000-0002-7426-4274

Email: leonardo.davino@gmail.com

Leonardo Santos Crespo

Graduando em Letras/Literaturas na Universidade do Estado do Rio de Janeiro (Uerj). Pesquisador do projeto Poesia e Transdisciplinaridade: a Vocoperformance, e integrante do projeto de extensão Laboratório de Estudos de Poesia e Vocoperformance. Pesquisa teoria da literatura e poesia brasileira.

Orcid: 0009-0005-9053-7534

Email: leocrespo2014@gmail.com

Lienne Aragão Lyra

Mestranda em Literatura Brasileira na Universidade do Estado do Rio de Janeiro (Uerj), pesquisando a canção popular a partir de análises integradas que articulam perspectivas de Literatura e Música. Graduação em Letras pela Universidade Veiga de Almeida (UVA, 2021), graduação em Música pela Universidade Federal do Estado do Rio de Janeiro (UNIRIO, 2021) e graduação em Comunicação Social pela Universidade Federal do Rio de Janeiro (UFRJ, 2013). É cantora e compositora. Seu trabalho dialoga com a MPB e os ritmos tradicionais brasileiros, inserindo-se na atual cena musical independente do Rio de Janeiro. Lançou seu álbum de estreia, *Porta-chuva* (2018), além do EP "Canto de Sereia", em 2020, e do single "Barco de Fita", em 2022. Já teve seu trabalho premiado no Rootstock Artist Awards 2020; venceu como melhor canção no Festival da Ilha Grande 2020; foi semifinalista dos festivais TOCA e Rádio MEC, entre outros.

Orcid: 0009-0001-8536-6698

Email: liennelyra@gmail.com

Marcela Santos Brigida

Professora de Literatura Inglesa na Universidade do Estado do Rio de Janeiro (Uerj), onde também coordena o projeto de extensão Literatura Inglesa Brasil. Doutora em Literaturas de Língua Inglesa pela Universidade do Estado do Rio de Janeiro (UERJ, 2022), tendo defendido tese sobre a obra da escritora irlandesa contemporânea Anna Burns. Mestre (2020), com pesquisa sobre a relação entre a poesia de Emily Dickinson e a canção, e bacharel (2018) em Letras com habilitação em língua inglesa e suas literaturas pela mesma instituição. Atualmente desenvolve pesquisa na área dos Estudos da Canção com foco na obra e na performance de Alex Turner.

Orcid: 0000-0002-0951-1603

Email: marcelascastelli@gmail.com

Marcelo Reis de Mello

Graduação (2008) em Letras Português/Espanhol pelo Centro Universitário Autônomo do Brasil, mestrado (2014) em Letras e Doutorado (2019) em Literatura Comparada pela Universidade Federal Fluminense (UFF), onde defendeu a tese *Poesia, escrita insignificante: desastre, balbucio, apagamento*, no prelo pela Editora 7Letras Poeta. É professor de literatura, tradutor e psicanalista. Como poeta publicou *José mergulha para sempre na piscina azul* (2020, finalista do prêmio Jabuti), entre outros livros. É coordenador do World Poetry Movement no Brasil e membro da Associação de Escritores dos BRICS.

Orcid: 0000-0001-7016-8288

Email: m.r.mello@hotmail.com

Márcia Cristina Fráguas

Bacharela e licenciada em História pela Universidade de São Paulo (USP, 2016). Mestra em Literatura Brasileira (2021) pela Universidade de São Paulo com a dissertação *It's a long way: poética do exílio na obra de Caetano Veloso (1969-1972)*. Graduada em Psicologia pela Universidade do Estado de Minas Gerais (2002), com especialização lato-sensu em Cinema pela PUC-MG (2004). Trabalha com crítica e ensaio, tendo colaborado com diversas publicações, dentre elas: revista *Opiniães* (USP), da qual fez parte do corpo editorial; *Contrapulso* – Revista Latino-americana de estudos de música popular, para a qual editou o Dossiê "Discos do Exílio", com os pesquisadores Rodrigo Pezzonia e Sheyla Diniz; revista *Palimpsesto* (Uerj). Atualmente é doutoranda em Teoria da Literatura e Literatura Comparada na Universidade do estado do Rio de Janeiro (Uerj), contando com uma bolsa de estudos concedida pela Capes.

Orcid: 0000-0003-0487-260X

Email: mcfraguas@gmail.com

Patrícia Bastos

Bacharel e licenciada (2016) em Letras Português-Literaturas, mestra (2020) e doutoranda em Literatura Brasileira pela Universidade do Estado do Rio de Janeiro (Uerj). Professora e pesquisadora em Literatura Brasileira na Uerj. Atualmente pesquisa a configuração feminina e a oralidade na poesia atribuída a Gregório de Matos, examinando seus possíveis desdobramentos no Brasil.

Orcid: 0000-0003-0355-4888

Email: patriciauerj79@gmail.com